朝日新書
Asahi Shinsho 867

外国人差別の現場

安田浩一
安田菜津紀

朝日新聞出版

はじめに

安田菜津紀

テレビでは、どのチャンネルをつけても、空を覆う黒煙と迷彩服が目に飛び込んできた。スタジオに並ぶコメンテーターたちの顔は、強張《こわば》り緊張しているか、興奮気味かのどちらかだった。2022年2月24日、ロシアがウクライナに軍事侵攻を開始してから、一時あらゆるメディアが、関連ニュース一色となっていた。

市民を犠牲にし続ける熾烈《しれつ》な攻撃は続き、故郷から引き剥《は》がされ、国外へ逃れた人々は、侵攻開始から1カ月余りで400万人を超えたとされる。逃げ惑う人々が行き場を失うことがないようにと、各国は素早く門戸を開いた。ウクライナの周辺国ばかりではない。日本政府も後れをとるまいと、侵攻直後から「避難民」の受け入れに手を挙げた。

ところが日本では、命の危険から逃れようとする人々を迎え入れる前から「一時的な避難民、いずれは帰ってもらう」と決めつける声が一部政治家からあがっていた。EUは緊急的な「一時保護」として、最大3年の在留や就労を可能にし、帰れなければ難民申請ができる、という

「道筋」を素早く示したなかで、日本政府はこの「避難民」という言葉に固執していた。たとえ目に見えた戦火がおさまったとしても、ズタズタに破壊された街への帰還は容易ではない。それを踏まえず門戸だけを開いても、安心して逃れてくることはできないだろう。

それでも、これまでの日本政府の動きと比較してしまえば、まるで国家が丸ごと入れ替わったのかと錯覚するほどの速度で、「日本に保証人がいなくても入国可」「パスポートを所持していなくても対応する」と、ウクライナからの避難者の入国要件を緩和していった。

それはどれも、歓迎すべき変化・対応ではある。一方で、複雑な思いが過《よぎ》る。近年の日本の難民認定率は1%にも満たない。日本政府がどれほど難民に冷淡であったか、入管という組織と向き合うほど突きつけられる。それは、シリアをはじめ、ウクライナへの軍事侵攻以前の戦争・紛争から逃れてきた人々に対しても同様だった。

ロシアがウクライナで行った、病院や避難施設への空爆も、クラスター弾の使用も、アリバイづくりのように人道回廊を設置することも、そうした非人道的な行為のすべてが、シリアで何度となくロシア軍が繰り返してきたことだった。その時、世界は、日本は、どれほど関心を傾けてきただろうか。

シリア北東部で寒空の国内避難民キャンプを取材していた時、「日本は平和な国なんだろう？　自分たちも日本に身を寄せることはできないだろうか？　私たち全員が難しいのなら、せめて、子どもだけでも連れていってもらえないだろうか?」と、幼い子どもたちを育てる父親に懇願されたことがある。

こうした声をかけられることは少なくない。「日本から来た」と伝えると、「原爆を落とされても発展したすごい国だ。いつか自分たちの国も日本のようになりたい」と目を輝かせて語る人もいた。あの時出会った父親のように、「日本に避難できないか」と言われるたびに、私は言葉に詰まる。

日本で難民として保護される可能性はゼロに近いと言っていい。「あなたが難民となった証拠を示せ」と無理難題を突きつけられ、途方に暮れたシリア人の父親のことも私は知っている。一時的に滞在できたとしても、もし在留資格を失ってしまえば、無期限の入管収容に苦しむかもしれないのだ。そうなれば、一縷《いちる》の望みを託そうとした彼らを、再び奈落《ならく》の底に突き落とすことになってしまう。そして実際に、突き落としてきた。

ある難民申請中の女性は、在留資格を失い、「仮放免」という立場での生活を余儀なくされていた。仮放免中は就労許可が得られず、健康保険に入ることもできない。「安全なはずの日本で、私たちに死ねと言うのですか」という彼女の言葉は、大袈裟《おおげさ》な表現ではない。この国は在留資格がないというだけで、彼らに生存権さえ認めようとしてこなかったのだ。

ウクライナの人々は受け入れ、それ以外の人々には変わらず認定に高いハードルを課すのであれば、新たな「命の線引き」になってしまう。そしてこの熱しやすく冷めやすい報道合戦の後、ウクライナからひとたび関心が遠のいてしまえば、難民として日本に暮らしたいと望む人々に、これまで通り冷淡な扱いが待っているのだろうか。

難民問題にとどまらず、あらゆる外国人の人権問題に対して、手をこまねき、ただその成り行きに任せるのではなく、現場を知る人間たちが今、抗《あらが》わなければならないはずだ。

安田浩一さんの書籍は、今の仕事を始めて間もない頃から幾度も読んでいる。そこに刻まれた熱量の高いルポから私は、数々の社会問題の実相に触れてきた。そして、レイシズムとどのように向き合うべきかなど、自分の軸足を築くうえでの示唆を多々頂いてきた。今ではヘイトや人権問題の取材現場で顔を合わせることも多い。ネットで、路上で、時に濁流のように降り注ぐ言葉の暴力に、ひるまず対峙《たいじ》するその姿勢にはいつも頭の下がる思いだ。そして、次世代も続かなければならない。

社会の仕組みを根本から変えていくためには、これまで日本社会で何が起きてきたのか、「なかったこと」にされがちな過去の出来事にも目をこらさなければならない。その暗闇の一隅を照らし、未来を見据える書となれば嬉しく思う。

外国人差別の現場　目次

第4章　「悪意なき差別」の暴走　107

第5章　搾取と差別に苦しむ労働者たち――安田浩一　161

在日コリアンが多く暮らす神奈川県川崎市の桜本地区を取材で訪れる安田浩一（左）と安田菜津紀＝2022年１月、佐藤慧撮影

退去強制手続きの主な流れ

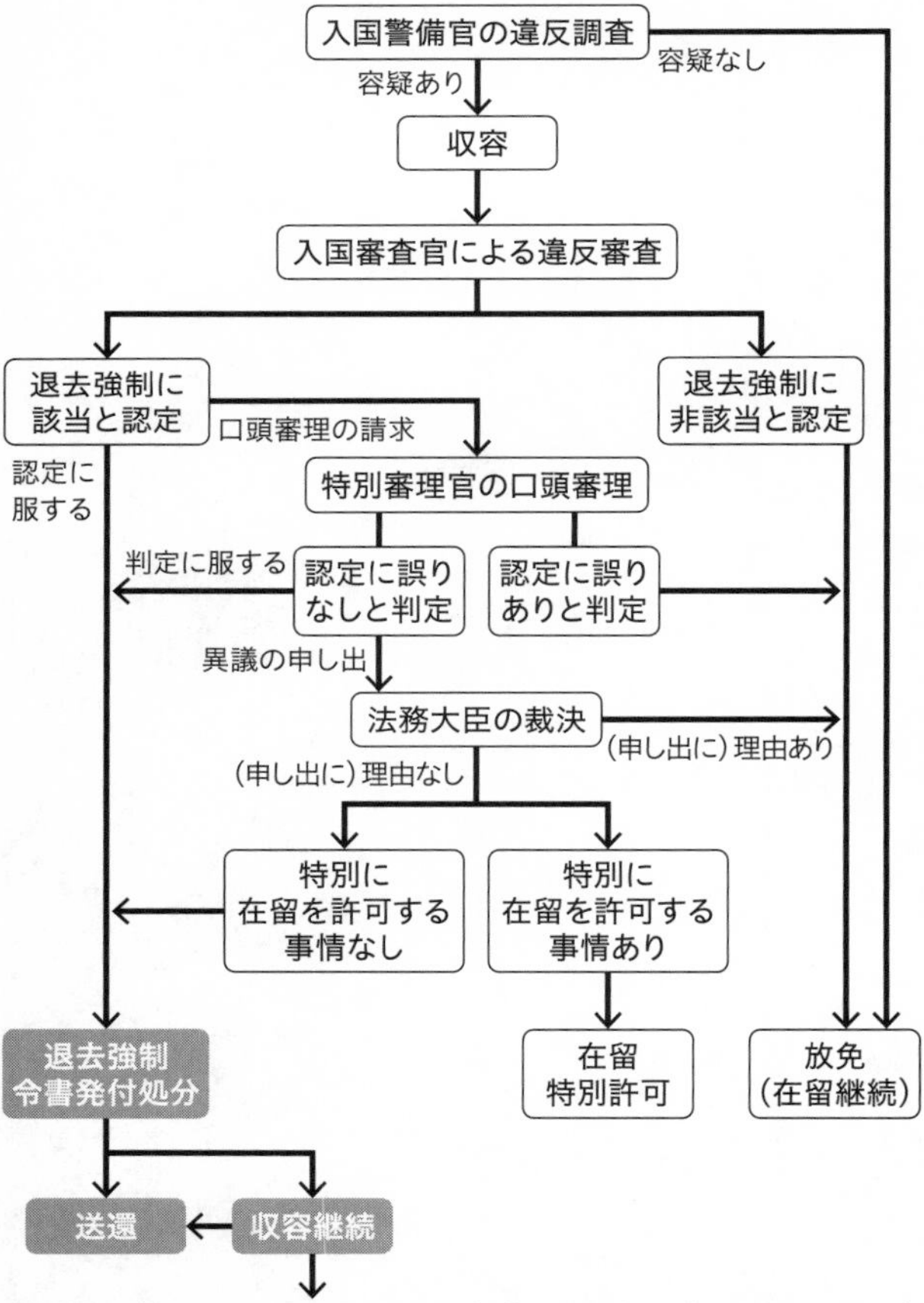

(仮放免が許可される場合もあるが、「長期収容」が常態化している)

出典:出入国在留管理庁HP「退去強制手続と出国命令制度」をもとに作成

技能実習制度の仕組み（団体監理型）

非営利の監理団体（事業協同組合、商工会等）が技能実習生を受け入れ、傘下の企業等で技能実習を実施

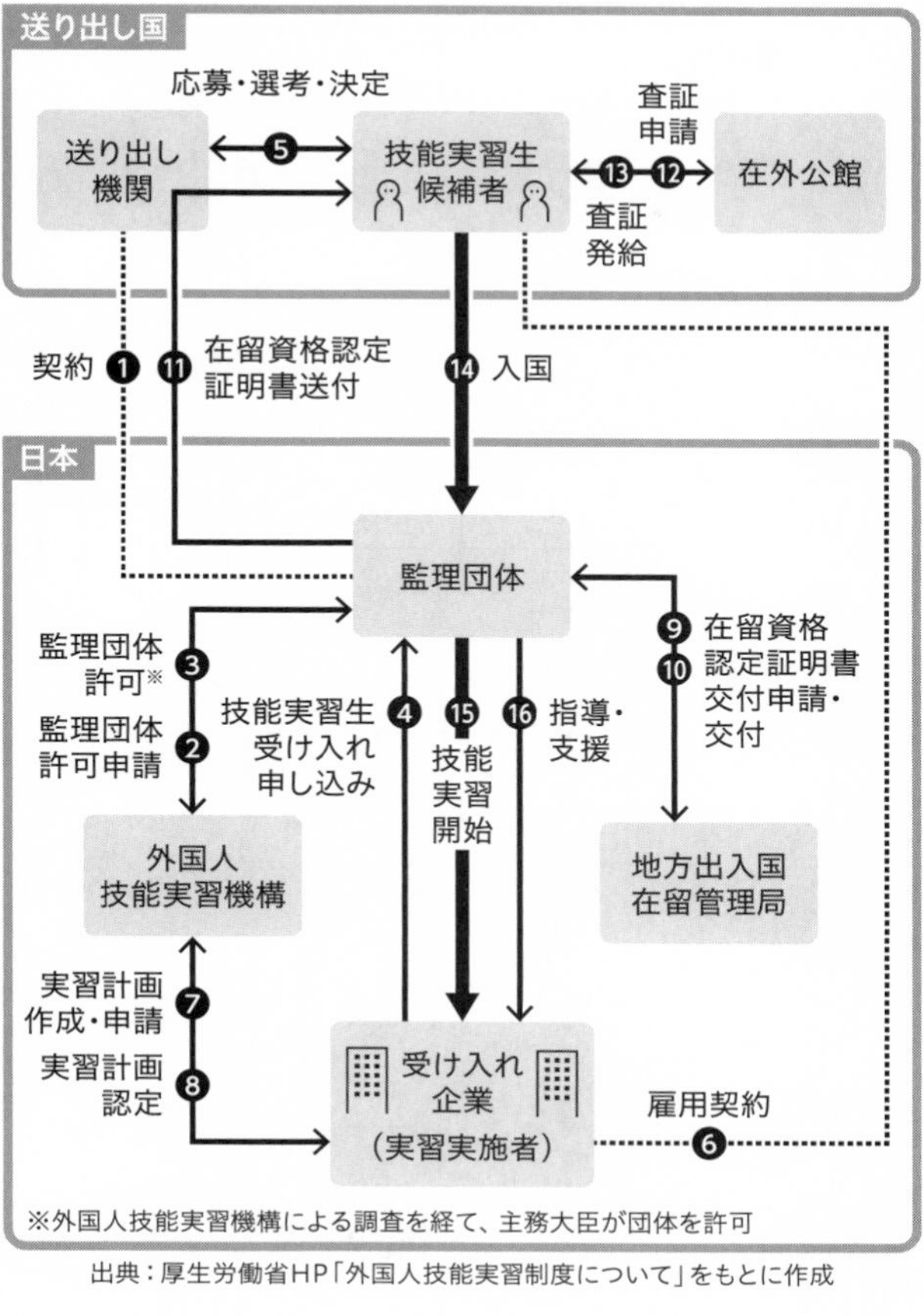

出典：厚生労働省HP「外国人技能実習制度について」をもとに作成

本文写真（特に表記のないもの）　佐藤　慧（目次後）
安田浩一（第1章、第5章）
安田菜津紀（第2章、第3章）

図表作成　朝日新聞メディアプロダクション

＊原則として、肩書・年齢・組織名、その他データ等の数字は取材当時のものです。

第1章

絶望と死の収容施設

——安田浩一

ハマースミスの誓い

一枚の誓約書が残っている。

ここにサインしたのは、難民や入管収容所などの問題に取り組む10名の弁護士たちだ。

2014年3月のことだった。場所は英ロンドン西部のハマースミス地区。「Salutation」という名のパブの中庭だった。3月のロンドンは、まだ十分に冬の冷気が残る。英国の入国管理事情を視察に来た日本の弁護士グループは、寒さに身をすぼめながらグラスを突き合わせ、誓いを立てた。

その時交わされた誓約書には、次のような文言が記されている。

〈私たちは――

■人身の自由があらゆる人権の根源となる重要な基本的人権であること

■それは国籍や在留資格の有無にかかわらず、全ての人に等しく保障されなくてはならないこと

■このような重要な人権を剥奪する、日本の入国管理局による全件収容主義は誤りであること

という共通の認識のもと、

〈全件収容主義を打破するため、弁護士として、最大限の努力を行うことをここに誓います〉

凍《い》てつく夜の熱い決意は「ハマースミスの誓い」と名づけられた。

10名の弁護士たちは、日本と大きく違う英国の入管行政に衝撃を受けていた。

視察した収容施設では、被収容者が施設内を自由に動き回っていた。ジムや図書室、共用のキッチン、ビリヤード台が設置されたゲーム室、楽器がそろった音楽室が完備され、インターネットの利用も自由だ。被収容者には施設内で配膳や清掃などに関わる有償の仕事も提供されていた。権限と独立性を持つ収容施設視察委員会が、施設の運営状況に問題がないか、厳しいチェックを繰り返してもいる。

「そこには日本の入管収容施設では目にすることのできない人権が生きていた」

視察団メンバーで〝誓い〟の音頭を取った児玉晃一弁護士はそう振り返る。

ガトウィック空港の近くにあるブルックハウス入管収容所では、収容業務で大事なことは何かと問われた所長が、「ポジティブなカルチャーを創り上げていくこと」だと答えた。カルチャー（文化）を創り上げていくことによって、職員と被収容者の間に信頼関係も生まれ、安全も保たれるという。両者が一緒にゲームを楽しんだりする光景も珍しくない。

視察したもう一カ所の施設、ティンスリー入管収容所は、入り口に「ティンスリー・ハウスにようこそ！」との歓迎メッセージが各国語で記されていた。

施設内には「インフォメーション・コリドー（情報提供回廊）」と呼ばれる一角があり、外国人支援団体等が作成した多数のポスターやチラシが掲示されていた。英国版「いのちの電話」として知られる「サマリタン」への無料直通電話、収容施設視察委員会宛ての手紙を投函《とうかん》する投書箱も設置され、外部への連絡や通報の権利も保障されている。

案内役の職員は「ここは被収容者にとっての生活の場。できるだけ、組織や管理を感じさせないように過ごしてもらいたい」と強調していた。

職員の多くは制服ではなく、スーツや私服姿で勤務していた。被収容者に名前を明かし、進んで挨拶《あいさつ》し、気軽に言葉を交わしている。

「私たちは被収容者と人間関係をつくることを重視している」と担当者は繰り返した。

英国の入管行政がすべてにおいて優れているわけではない。だが、少なくとも、そこでは「人権が生きていた」。人の営みがあった。

“全件収容主義”という病

では、日本はどうなのか――。

日本の収容施設では、人権は施設の門前で立ち止まる。刑務所と見まがうばかりの閉鎖性、上限の定めがない無期限収容が特徴だ。だからこそこれまで、国連の恣意《しい》的拘禁作業部会は日本の収容施設運営を「国際法違反」だと指摘するなど、他にも様々な国際機関が懸念を寄せてきたのだ。

「誓約書」に記された「全件収容主義」とは、在留資格を失った外国人を原則全員、収容施設に放り込む日本の〝外国人政策〟のことだ。要するに、隔離と排斥が目的化している。しかもそこで待っているのは管理と監視、非人道的な処遇である。英国の職員が口にした「人間関係をつくる」といった発想など生まれようがない。

施設内の人権は死んでいる。いや、実際に人の命が奪われている。

本書でも触れている通り、2021年3月には名古屋入管の収容施設に収容されていたスリランカ人女性ラスナヤケ・リヤナゲ・ウィシュマ・サンダマリさん（当時33）が亡くなった。体調を崩し、誰の目にも衰弱は明らかだったにもかかわらず、入管側は適切な措置を取ることなく、彼女を死に至らしめた。そして、いまなお入管は自らの責任を認めていないのだ。

収容施設での死亡事例は後を絶たない。過去15年間で、少なくとも17人の外国人の死亡が報告されている。長期収容が横行し、医療も精神的ケアも不十分。問題の根源が収容者に対する入管の人権軽視政策にあることは明らかだ。

児玉弁護士がいま裁判に関わっているカメルーン人の死亡事件もそのひとつである。

2014年3月、東日本入国管理センター（茨城県牛久市《うしく》）に収容されていたカメルーン人男性（当時43）が居室で心肺停止状態のまま発見され、搬送先の病院で亡くなった。

監視カメラがとらえた死亡直前の映像がある。損害賠償を求める遺族の開示請求により、19年5月に水戸地裁で公開されたものだ。

男性は居室の床でもがき苦しんでいた。

「アイム・ダイイング（死にそうだ）、アイム・ダイイング」「水、お水」。そう何度も繰り返す。しかしどれだけ大声で叫んでも助けに来る者はいない。

ようやく職員が部屋の中に入った時、すでに男性は衰弱していた。車いすに乗せられても、ずり落ちる。床で横になったまま、苦しそうに何度も寝返りを打つ。男性はうめき声で何かを訴えるが、職員は叱りつけるように「ノー！」と制した。

その後、再び放置された男性の動きは徐々に緩慢《かんまん》となり、頭を小刻みに震わせるだけとなる。動きが止まったのはその数時間後。職員が救急要請した頃には、すでに心肺停止の状態だった。

男性は13年10月に成田空港で入国を拒否され、同年11月にそのまま牛久のセンターに収容された。糖尿病を患っていたこともあり、当初から呼吸時の苦痛などを訴えていたが、特別な措置は取られていない。そのうち歩行困難となり、他の被収容者が見かねて外部病院での受診を入管側に要求したが、認められることはなかった。

現在、男性の遺族は国賠訴訟を闘っている（22年3月に結審。判決は同9月16日）。代理人として法廷に立ち続けた児玉弁護士は「まさに入管の体質が露呈した事件」だと指摘した。

また、2019年8月には日系ブラジル人男性が、東京入国管理局（現・東京出入国在留管理局）で収容されていた時に職員の暴行によってけがをしたとして、国を相手に裁判を起こしている。東京地裁に提出された暴行時の証拠映像は毎日新聞（電子版）でも公開されたが、数人の職員が移送を拒《こば》む男性を床に押し倒し、「暴れんじゃねえ！」と怒鳴りながら〝制圧〟する場面からは、被収容者を人とも思わぬ入管の暴力体質だけが透けて見えた。

しかし政府はこうした実態を放置したまま、さらに入管の権限を拡大させるだけの入管難民法改正を成立させようと躍起になっている。これは難民申請の回数に制限を加え、国外退去に従わない者には刑事罰を適用する、祖国に帰れないやむを得ない事情がある外国人を、保護するどころか、法の運用で「犯罪者」に仕立てあげるというものだ。21年に国会に提出された改正案は、これに反対する多くの人々の声によって廃案に追い込まれたが、政府はあきらめていない。法務省関係者は「外国人技能実習制度の改革などと引き換えに、法案を再提出する動きがある」と打ち明ける。

児玉弁護士は「改めるべきは、在留資格を持たない外国人を問答無用で収容施設に追いやることのできる〝全件収容主義〟だ」と語気を強めて訴えた。

「ハマースミスの誓い」から8年。英国の収容施設を視察し、気持ちを高揚させてパブに乗り込んだ弁護士たちは、それぞれがいま、各地で外国人の人権を守るために奔走《ほんそう》している。道半ばだ。どれだけむごい事件が起きても入管は変わらない。だが、あの日の誓いを忘れる者はいない。

外国人政策は、国の人権意識を測る試薬だ。日本で生きたいと願う人々を守るのか、追い出すのか。難民認定率が1％にも満たないこの国で、問われているのはそこだ。命の問題だ。国際人権法に照らしても、これ以上の後退は絶対に許されない。そう信じているからこそ、「ハマースミスの誓い」は生き続ける。

それにしても――なぜに日本の入管はそこまで人道から外れた組織となってしまったのか。

放置された朝鮮人

〈ひと群れの朝鮮人がその小さな駅におりたのは夕暮れ刻《どき》だった。

一行は長崎本線の諫早《いさはや》駅で大村線にのりかえ、とうとう目的地の南風崎《はえのさき》駅に着いたのだ〉

芥川賞作家・李恢成《イフェソン》さんの自伝的小説『百年の旅人たち』の一節である。

李さんは1935年、日本の領土だった樺太（現サハリン）の真岡《まおか》で、朝鮮人の両親の元に生まれた。

終戦後、同地に住んでいた日本人の引き揚げが始まるが、朝鮮人は放置された。日本への引き揚げ対象に、朝鮮人は含まれていなかったのだ。「日本人」になれと強要しながら、最後には「日本人」ではないのだと切り捨てる。国家とは実に勝手なものだ。

李さん一家は樺太を脱出し函館に至るも、GHQによって韓国へ強制送還されることになった。そこで、朝鮮半島への船が出る長崎県佐世保市まで、一家は押送《おうそう》列車で運ばれた。国家によって強いられた長旅の体験を描いたのが、1994年に野間文芸賞を受賞した同作である。函館を出た押送列車は数日を経て、浦頭《うらがしら》港（長崎県）に近い南風崎駅に到着する。1947年7月末のことだ。李さんは、まだ12歳の少年だった。

「南風崎に到着した時、すでに陽《ひ》は傾いていました。駅舎の中の青白い電灯の明かりを覚えています。外からはカエルの鳴き声が聞こえました」

李さんは私の取材にそう答えた。

「函館から同行した警察官に誘導されながら、およそ1キロ先の針尾《はりお》の収容所まで歩いて向かったのです」

針尾の収容所——正確には厚生省佐世保引揚《ひきあげ》援護局という。地元では地域の名称を用いて針尾援護局と呼ばれていた。もともとは旧満州（中国東北部）などに居住していた日本人が、終戦時に日本へ引き揚げた際、一時的に収容される施設であった。

現在、南風崎駅には次のような文言が記された案内板が掲げられている。


〈戦後、敗戦によって中国や南方の島々などから多くの引揚者が、苦労を重ねながら、やっとの思いで佐世保の港に着きました。針尾の浦頭で検疫を受け、針尾援護局に収容され、そこで長い旅の疲れをいやした後、この駅から故郷に帰る汽車に乗り込みました〉


敗戦時、日本国外には軍人と民間人合わせて約660万人の日本人がいた。引き揚げ者630万人のうち139万人が、引き揚げ船で浦頭港に到着し、「針尾の援護局」で休息したのち、最寄り駅の南風崎からそれぞれの故郷に向かった。当時は南風崎を始発とする東京行きの列車も運行されていた。少なくない日本人にとって、南風崎は引き揚げの記憶の中に刻印されている。過酷《かこく》な引き揚げ体験を有した人であればなおさら、そこは希望の始発駅として位置づけられたことであろう。

だが同駅は、案内板に記されてはいない、もうひとつの物語を抱えている。

日本人引き揚げ者を故郷に送り出した駅は、同時に日本国内から朝鮮人を放り出すための場所でもあった。様々な事情を抱え、敗戦後に日本へ渡り、密航者とされ、強制送還の処分を受けた朝鮮人は、日本人と逆のコースをたどる。各地から押送された朝鮮人は、南風崎駅から援護局に向かい、一度同所に収容されたのち、浦頭港から釜山《プサン》行きの船に乗せられるのだ。朝鮮人にとっての南風崎は、日本における鉄路の終着駅だった。そして、日本人にとって「長い旅の疲れをいやす」ための援護局は、朝鮮人にとっては強制送還を前にした船待ちの収容所として機能した。

つまり針尾の援護局は、強制送還の拠点だった。現在の入管収容施設の原点なのである。

私は『百年の旅人たち』を再読し、さらに李さんから話を聞いたのちに、同地を訪ねた。

かつては援護局の最寄り駅として賑《にぎ》わった南風崎は、現在、佐世保市と長崎市を結ぶＪＲ九州の無人駅である。

空き箱を地面に伏せたような、そっけない駅舎だった。構内はがらんとしている。陽が垂直に照りつける時間帯なのに、駅前にも人の気配はなかった。ＪＲ大村線の同駅に停《と》まる列車は、上下線とも一時間に一本程度。付近に住む人は「早朝と夕方に高校生の姿をみかけるくらい」と話す。ホームに列車がなければ、風景は微動だにしない。

小説の描写を思い出しながら、私も南風崎駅から歩いて、援護局のあった針尾を目指した。駅の周辺は、おそらく当時とそれほどの変化はないはずだ。家々は新しくなり、道路が整備されたとしても、心細くなるような農村の風景は変わらない。だが、針尾へ渡る橋の手前で突然、景色はリアリティを失った。私の視界に飛び込んできたのは、なんとオランダの街並みである。そう、援護局のあった場所、つまり強制送還の拠点だった針尾の一角は、いまや日本最大級のテーマパーク、〝花と光の感動リゾート〟ハウステンボスに呑《の》み込まれていたのだった。

頭の中で李さんの言葉がよみがえった。

「私たちは兵舎を転用した収容所に入れられました。周囲は金網のフェンスで囲まれていて、敷地の真ん中には大きな運動場がありました。この近くに住んでいる朝鮮人の子どもが敷地内に忍び込み、同じ朝鮮人のおとなたちにどぶろくを売りつけていたことを思い出します」

ハリボテのようなヨーロッパを凝視しながら、私は想像するしかなかった。どの角度から眺めても往時の面影を見つけることはできないのだから。

〝なかった〟ことにされる痕跡

戦時中までこの場所は旧軍関係の土地だった。終戦直後、引き揚げ者受け入れ施設として、厚生省佐世保引揚援護局が置かれた。同じ敷地内に強制送還が決まった朝鮮人の収容所が併設されたのは1946年である。

敗戦時、国内にはおよそ200万人の朝鮮人が居住していた。当初は多数の朝鮮人が故郷へと戻ったが、朝鮮半島情勢の不安定化に伴い、「密航」という形で日本へ戻る者たちも相次い

長崎県佐世保市にある南風崎駅＝2021年９月

南風崎駅ホーム。左奥にハウステンボスが見える＝2021年９月

だ。植民地政策により「日本人」であることを押しつけられた朝鮮人からすれば、生きていくための非常手段である。無理からぬことだった。だが、こうした人々を日本は「不法入国者」として位置づけ、取り締まりの対象とした。捕まった朝鮮人は援護局の一角に設けられた収容所に押し込まれ、順番に送り返されたのである。

李さん一家のように、外地で敗戦を迎え、逃げ出した先の日本で「不法入国」と断定されるケースも少なくなかった。ちなみに李さんたちはGHQの担当者と直接交渉し、送還寸前で日本に残留することを許され、その後、「在日」としての人生を歩むことになる。

当時、最終的な権限はGHQにあり、しかも上層部はまだニューディーラーのリベラル派が占めていたことも幸いしたのだろう。

「収容所にいる時はずっと、逃げたいと思っていました。子どもでしたからね、どこへ逃げるべきかなんて考えていなかった。ただ金網に囲まれた生活から自由になりたかった。わずか2週間の収容所生活でしたが、私が夢見ていたのは、どぶろくを売りに来ていた少年と一緒に、金網の外に飛び出ることです。彼と二人でどこか遠くに行きたかった」

子ども時代の李さんが描いた夢は、私がこれまで接してきた入管収容施設の被収容者の言葉と重なる。

「ここから出たい」「自由になりたい」――。

浦頭引揚記念資料館の敷地内にある田端義夫の「かえり船」の歌碑＝2021年９月

外国人であること、在留資格がないこと。それだけの理由で拘束され、人権が損なわれ、自由を奪われる。本質的な意味において、日本の外国人政策は一貫して変わっていない。

ハウステンボスから少しばかり離れた高台に、引き揚げ者の記録を集めた浦頭引揚記念資料館が建っていた。命からがら外地から逃げ延びた人々の苦労を伝える歴史遺産としての役割は重要だ。敷地内には浦頭での引き揚げを経験した歌手・田端義夫の「かえり船」の歌碑も建つ。

〈熱い涙も　故国に着けば　嬉し涙と　変るだろ〉

刻まれた文字に、引き揚げ者の辛苦《しんく》に満ちた経験を思う。

だが、この資料館には浦頭港から放逐《ほうちく》され

た朝鮮人の記録は見当たらない。

送還された朝鮮人に関する資料はありますか？——資料館の係員に訊《たず》ねてみたが、「朝鮮人の資料？　はあ、見たことないですねえ」と怪訝《けげん》な表情が返ってくるばかりだった。

針尾の援護局は戻った人と出ていく人が交差する場所だった。であるのに、追い出された者たちは、まるでいなかったかのように扱われているのだ。

これもまた、日本社会の〝体温〟だ。

内務省の「置き土産」

日本にとって、外国人は常に管理、監視、取り締まりの対象であり、命や人権がないがしろにされてきた。それこそが入管の存在意義でもある。

1960年代、法務省入国管理局参事官の池上努氏は著書『法的地位200の質問』（京文社）で、〈（外国人は）煮て食おうと焼いて食おうと自由〉と書いた。彼が極めて特異な見解の持ち主だったというわけではないだろう。入管業務に携わる者たちにとって、外国人が取り締まりの対象であるといった思想は、戦前から引き継がれたものだ。

日本で最初に一般外国人居住者に関する取り決めができたのは1899年。この年、入管法の原点ともいうべき二つの政府令・勅令が公布されている。ひとつは、外国人居住者が居住届を警察に提出することと、旅館などの経営者に外国人宿泊者の警察への報告を義務づける「宿泊届その他の件」。

もうひとつは「条約もしくは慣行により居住の自由を有せざる外国人の居住及び営業等に関する件」だ。これは欧米系商工人を念頭に、条約上、居住の自由がない外国人であっても、自由な営業活動などを認めると同時に、一般労働者に関しては行政官庁の許可を得ない限り、居住の自由は認められないとするものだ。

さらに1918年、現在の入管法により近い「外国人入国に関する件」が内務省令として公布された。これは旅券を持たない者や日本の利益に反する者の日本入国を認めないとしたうえで、警察官吏《かんり》の要請に応じない在日外国人には退去強制を命じることができるといったものである。

法学者の大沼保昭氏が著した『単一民族社会の神話を超えて』(東信堂)によると、戦前の入管業務は内務省の管轄下にあり、実務の担い手となったのは特高警察の外事係だった。

内務省警保《けいほ》局保安課外事係が1927年に発行した『外事警察事務要覧』では、冒頭で同年の日本在住外国人について次のように〝解説〟している。

〈取締に一段の努力を要するの状況に在り。彼の浦塩を中心とする労農露国の赤化宣伝は、日に益々盛ならんとするものあり。他面在本邦労農各機関の裏面的活動は依然として其の手を緩むることなく、陰に本邦左翼団体の指導に任しつつある形跡ありて、之に対する査察は尚一層の留意を要するものあり〉

ここで知ることができるのは、入管業務を担った外事警察の最大の関心事が、外国人の「赤化」工作に対する監視であることだ。

1917年にロシア革命が勃発、19年にはソウルで日本支配からの解放を訴える三・一独立運動が起きた。23年の関東大震災直後、多くの朝鮮人、中国人が虐殺されたことからもわかる通り、当時の政府にとって、いや、日本社会にとって、外国人は同じ地で共に生きる隣人ではなく、ありていに表現すれば治安を乱す恐れのある「敵」だった。

だからこそ、すべての外国人の出入国管理は特高警察に委ねられていた。長期滞在する外国人の動向は個人情報も含めて報告対象となり、当時の『要覧』には監視対象者の氏名がリスト化されている。また、外国人の退去強制処分の権限も、内務大臣と、内務省から派遣された地方長官に付与された。

入管業務とはすなわち、治安の観点からの警察業務であったのだ。

敗戦後、これら業務はGHQに委ねられた。当初は旧植民地出身者の帰還支援が主業務だったが、朝鮮人を「第三国人」として扱い、差別と偏見のまなざしを失うことのなかった日本政府の姿勢も相まって、いつしか「支援」よりも取り締まりの性格を強くしていく。

一方、朝鮮半島の状況も不安定さを増したことで朝鮮人帰還者も激減し、先に述べたように日本へ再入国する者が増えた。

こうした状況を受けて1947年、日本政府は「外国人登録令」を公布した。これは国内に居住する非日本人の登録を定めたものであると同時に、密航者を捕らえ、送り返すための法的根拠となった。これを機に外国人の強制退去に関する業務はGHQの手を離れ、日本政府に移管された。

前述した『単一民族社会の神話を超えて』の中で著者の大沼氏は、外国人登録令を〈戦後初の入管法の制定〉としたうえで、〈明治憲法体制の中核をなしてきた内務省権力の最後の仕事であり、新憲法下の入管権力への置土産であった〉と続けている。

外国人登録令の公布から半年後に、内務省はGHQに解体させられた。だが、監視と管理、取り締まりを箱詰めにした「置き土産」だけは温存される。

そこに「人権」という視点はない。まったくない。そして——いまも、ない。

厚生省佐世保引揚援護局に間借りしていた「針尾収容所」（朝鮮人を強制送還させるための一時収容所）が、同県内の大村市に移転したのは1950年である。

この年、政府は外務省の外局《がいきょく》として「出入国管理庁」を設置した。

ここに初めて、出入国管理の独立機関が誕生したことになる。これは、戦前のような警察主導による外国人政策を嫌い、より民主化した体制を求めるGHQの意向に従ったものだった。

さらにその2年後には法務省の管轄となり、現在の出入国在留管理庁へと業務が受け継がれていく。

引き継がれる特高体質

警察主導の入国管理は日本の敗戦とともに外形上は消えた。

だが、書き換えられたのは看板だけで、内実は旧態依然のままだった。

というのも、かつての特高警察官の中で公職追放を免《まぬか》れた者たちが、続々と出入国管理庁に集まったのだ。結果として特高体質までもが引き継がれた。現在の入管の隠蔽《いんぺい》体質や強権的な姿勢は、こうした〝成育歴〟が影響しているのではないかと疑わざるを得ない。

それこそが前述した「置き土産」である。

さて、出入国管理庁設置に伴い、針尾収容所は「針尾入国者収容所」に改組されたが、敷地内に警察予備隊が駐屯することとなり、同年内に県内の大村市に移転、「大村入国者収容所」として再スタートを切った。

ちなみに当初は移転先として下関市（山口県）も候補に挙がっていたが、同市は韓国人コミュニティがあることなどを理由に「不適当」とされた。要するに収容所は韓国・朝鮮人を隔離することが目的だった。となれば、朝鮮半島出身者のコミュニティも出入りもない、隔絶された土地に置く必要がある。そうした意味において、大村は適地とされたのだ。

大村収容所は同年12月25日、針尾から輸送バスで運ばれた82人の被収容者を受け入れて業務を開始した。以降、多くの外国人を受け入れ、さらに、それぞれの国へ送り返してきた。

長崎空港に隣接する敷地は、針尾同様、旧軍施設が置かれていた場所だった。

はるか昔、この一帯は「放虎原《ほうこばる》」と呼ばれていた。虎を放つにふさわしい荒れた原野だった、というのが定説だが、実は名の由来には他にもう一説が存在する。

文禄《ぶんろく》の役（豊臣秀吉の朝鮮侵略）に参加した地元大名の大村氏が、朝鮮半島から戦利品を持ち帰った。そのひとつが、当時の朝鮮に生息していた朝鮮虎（アムール虎）だった。これを大村湾に面した原野に放したことから、放虎原の名がついたというものである。

放たれた虎の運命は記録にないし、そもそも実話である可能性は高くない。にしても、朝鮮から連れてきた虎を放った場所に、朝鮮人の収容を目的とした大村収容所がつくられたという

〝神話〟は、想像力をかきたてる。

虎は原野を駆けた。侵略戦争の手土産ではあったが、大村の地で咆哮《ほうこう》し、威嚇《いかく》し、駆けまわることはできた。だが、戦争と植民地支配の結果として収容所に押し込まれた朝鮮人に自由はなかった。

むりやり「日本人」にさせられ、日本語を叩《たた》きこまれ、日本名を名乗らされ、日本のために尽くせと教え込まれてきたにもかかわらず、一度日本を離れて舞い戻ってくれば、今度は「密入国者」「不法滞在者」の扱いを受け、高い塀に囲まれた収容所に送り込まれた挙句《あげく》、強制送還の処分を受けるのだ。これを理不尽と言わずになんというのか。動物以下の扱いではないか。虎のように原野を駆けまわる自由はなかった。

そもそもなぜ、解放された祖国に帰った朝鮮人の一部が日本に戻ってきたのか。そこから考えなければならない。

大国の思惑によって朝鮮半島は三十八度線で分断されており、混乱を極めていた。大村収容所が開設された1950年には朝鮮戦争も始まった。帰国を果たしたものの、帰るべき場所を見つけることのできなかった朝鮮人は少なくない。しかも、ついこの間までは日本のために尽くしてきた「日本人」だったのだ。混乱と戦乱を逃れて日本へ戻ることに、どんな問題があるというのだ。

ちなみに大村収容所が〝朝鮮人収容所〟と呼ばれていた時代（80年代までの約三十数年間）、収容されていたのは入管法による「退去強制事由」の該当者である韓国・朝鮮人がほとんどであったが、それは「不法入国」に限定されたものではない。たとえ在留資格を有していても、「不法入国」をそそのかし、または助けた者、あるいは1年を超える懲役・禁錮刑に処せられた者も、同様に収容所送りとなり、強制退去の対象となった。たとえ刑務所で刑に服したとしても、出所後は収容所に移送され、日本から追い出されるのである。

現在、大村入国管理センターの被収容者支援をおこなっているカトリック植松《うえまつ》教会の川田邦弘さん（69）は、大村生まれの大村育ちだ。子どもの頃、周囲の大人たちから大村収容所は「悪い人たちが入れられるところ」だと聞かされてきたという。

「そうしたことから子ども時代の私は、大村収容所に刑務所のようなイメージを重ねていたのだと思います」

戦争と植民地支配の罪科《ざいか》などけろりと忘れ、ただ在留資格を失っただけで「悪い人」にしてしまうのが、日本社会というものだった。

かつて大村収容所の名前を聞いただけで日本に住む多くの韓国・朝鮮人が震え上がったのは、「悪い人」の烙印《らくいん》を押される恐怖や職員による虐待だけではなく、そこにいくつもの「死」が記録として残されているからでもある。

朝鮮人の「自殺」「自殺未遂」

1970年に発行された『大村入国者収容所二十年史』（法務省大村入国者収容所編）は、当局視線で書かれた貴重な資料のひとつだが、同書の中でもひときわ目を引くのは「事件年表」の項である。細かい文字を丹念に追っていくと、収容所の殺伐《さつばつ》とした空気が伝わってくる。被収容者の「自殺」「自殺未遂」といった文言が頻出するのだ。

昭和二六年四月五日　李三二の自殺未遂
三〇年八月三〇日　安成南の自殺
三一年三月一三日　尹水吉の自殺未遂
三一年五月三一日　李孟祚の自殺未遂
三一年八月三一日　李一竜の自殺未遂
三二年一一月二〇日　柳光祐の自殺

これは年表の中からほんの一部を抜き書きしたものに過ぎない。自殺、自殺未遂の多くは、強制送還処分への絶望や抗議が発端となっている。さらに「年表」にはハンスト、騒擾《そうじょう》事件、逃走といった文字も繰り返し登場する。被収容者同士の傷害事件、朝鮮半島の南北対立を背景とした対立や乱闘も日常茶飯事だった。

現在の入管収容施設の原型ともいうべき大村収容所は、「事件」に満ち満ちていた。

大村収容所は長きにわたり「刑期なき獄舎」「監獄以上の監獄」ともいわれてきた。強制退去されるにせよ、運良く出所できるにせよ、その判断も時期も被収容者にはまったく予測がつかないからだ。いや、そもそも収容期間に関して、今なお法律では何の制限も設けていない。それどころか司法がまったく介在することなく、人間を拘束し、自由を奪うことができるのが、入管というものだ。「監獄以上」の施設が絶望を与えないわけがない。

「年表」には、１９６４年６月、文五瑛なる人物が〈前途を悲観し首つり自殺〉と記されている。実は、この人物はまだ16歳の少年だった。

69年に朴正功氏が著した『大村収容所』（京都大学出版会）には、少年の自殺に抗議した被収容者たちが〈一人一人連れ出され、収容所内第六棟隔離独房へと連行〉される様子が描かれている。連行された者たちはほどなくして、韓国へ強制送還された。当時の韓国は軍事独裁政権であり、一部の者たちにとって帰国は、そのまま政治犯として看做《みな》されることをも意味していた。残るも地獄、去るも地獄なのである。戦乱から逃れ、日本で難民申請をしてもそれが認められず、強制送還されてしまうといった外国人の現状は、その頃から続いている。

同書において朴氏は、大村収容所をアウシュビッツ（ナチス・ドイツがつくったユダヤ人強制収容所）に重ねている。

〈アウシュヴィッツ収容所、そこはユダヤ人なるが故に入れられた。
アウシュヴィッツ、そこにはガス室があった。
しかし、今はもうない。
アウシュヴィッツはもうない。
日本に大村収容所がある。今、現にある。
朝鮮人なるが故に入れられる。
大村収容所にはガス室がない。
しかし、海のむこう韓国に絞首台が準備されている。
日本に大村収容所はあるのだ〉

こうした状況を受けて、1969年には「べ平連（ベトナムに平和を！市民連合）」による「大村収容所解体闘争」がたたかわれた。作家の小田実《まこと》代表に率いられた総勢57名のべ平連メンバーはバスをチャーターして東京から大村に向かい、収容所長に面会を要求したが、拒否されたために門前で「収容所解体」のシュプレヒコールを繰り返した。翌70年には九州内の大学自治会、新左翼党派なども加わり、解体闘争はさらに拡大する。

一時期、大村は学生運動の最前線となった。

だが――収容所は「解体」されることなく、いまもまだその機能を維持している。大村収容所は93年に大村入国管理センターと名称を変え、被収容者の多くもアフリカ、アジア各国の出身者となったが、自殺やハンストなどの事件は相次いでいる。大村だけではない。牛久（茨城県）で、品川（東京都）で、名古屋（愛知県）で、全国各地の入管施設で、同じ状況が続く。死亡者が相次ぐのは前述の通りだ。

「絶望」をつくり出す工場

大村入国管理センターの中は、不自然な静けさに包まれていた。清潔で機能的ではあるけれど、無駄な装飾が一切ない建物内部は、以前に取材した半導体製造工場を連想させた。少なくとも外部から来た者が自由に歩き回ることのできる範囲においては、人の気配をまるで感じないのだ。「生」も「死」も感じることはできない。営みが、見えない。

総務課で取材者であることを告げると、職員の指示に従うことなどの条件が記された「協定書」へのサインを求められ、1時間ばかり待たされた後に被収容者への面会が許可された。

大村入国管理センター（かつての大村収容所）＝2021年９月

この日、私が面会したのはネパール出身の男性（38）である。刑務所や拘置所と寸分たがわぬ面会室に、男性は車いすに乗って姿を現した。

「この先どうなるのか不安でたまらない」

男性は暗い表情で私に訴えた。

愛知県などでインド料理店のコックとして働いていたが在留資格を更新できず、２０１９年に収容された。同年、運動場でサッカーをしていた際に足を負傷。痛みがひどいため外部病院での診療を求めたが認められず、痛み止めの薬を処方されるだけだった。数カ月後、ようやく病院での受診が許可された時には歩行困難となっており、大腿《だいたい》骨頭壊死《えし》症と診断された。

「（職員の）誰も、私の言うことを信じてくれなかった。いまはほとんど寝たきりの状態です」

透明なアクリル板の向こう側で、男性は何度も「心配だ」と繰り返した。男性は2021年1月、適切な治療を受けられず病状が悪化したとして、慰謝料などの国家賠償を求める訴訟を起こしたが、裁判の経過よりもからだが一向に回復しない現状に不安を感じている。

前出、支援活動を続けているカトリック植松教会の川田さんも「人間が人間として扱われない環境こそが問題」だと憤《いきどお》る。

「おそらくどこの収容施設でも同じなのでしょう。からだの不調を訴えても、まずは詐病《さびょう》を疑われる。管理することが優先され、人権はないがしろにされています。司法の判断もなく長期収容を可能としていることじたいがおかしい」

先述したように、入管の長期収容を問題視、批判する国際機関は少なくない。だが日本政府は一貫して「問題ない」とする態度を示し続けてきた。

同センターでは2019年、ナイジェリア人男性が長期収容に対する抗議のハンストで餓死したと報じられている。この男性と面会したこともある「移住労働者と共に生きるネットワーク・九州」事務局の竹内正宣さん（67）は、「抗議のハンストというよりも、内実は絶望死だった」と話す。

「彼は日本で結婚し、子どももいたのに強制送還を迫られていた。そのことで深く落ち込み、収容中はすでに生きる気力を失っているようにも見えた。食事したくとも、食べ物がのどを通らないと話していたのです。入管によって与えられた絶望が、彼を死に導いたのだと思います」

男性の収容期間は3年7カ月に及んでいた。その間、一時的に拘束を解かれる仮放免を4回申請したが、いずれも却下されている。

男性の死後、入管庁は「男性に犯罪歴があった」として、「前科者の仮放免は認められない」との立場を強調した。

それにより、ネット上では「犯罪者が自殺しただけではないか」といった書き込みも相次いだ。自業自得という世論を入管庁が煽《あお》ったともいえる。

男性は確かに実刑判決を受けていたが、入管収容時は刑務所から仮釈放された状態だった。つまり法務省自身が仮釈放の判断をして外に出しているのだ。にもかかわらず、入管が男性を拘束し、前科を理由に3年以上拘束しておくことが許されるのか。これが認められるというのであれば、懲役・禁錮の刑期を定める裁判所の存在理由などなくなるではないか。

入管収容施設の本来の目的は(それが建前であったとしても)、強制送還の準備のための一時的な収容に過ぎない。それが治安維持のための装置として悪用されている。まるで戦前の「予防拘禁」そのものだ。

そして、前科があろうがなかろうが、司法がまったく介在することなく、在留資格を持たない外国人を長期収容する。

繰り返す。日本の難民認定率は1％に満たない。紛争、戦乱など様々な事情を抱えて日本に逃れた人たちも、そのほとんどが申請を却下され、収容施設に送り込まれる。

難民であれ、移民であれ、在留資格を持たない者たちが一様に「犯罪者」扱いされるのが、日本という国なのだ。

昨今、ウクライナ戦争から逃れた同国民の受け入れを日本政府は進めている。

2022年3月15日の米紙ニューヨーク・タイムズ（電子版）はこれを「世界で最も難民に冷たい国の一つである日本がウクライナから47人を受け入れた」と報じた。

戦争の犠牲となった人々を受け入れたことは歓迎したい。誇るべきことだ。

だが、同時にウクライナから逃れた人々を「避難民」と称し、他国の「難民」と区別するのはどうした理由によるものなのか。おそらく、ウクライナ人を「難民」として認めてしまえば、これまで戦乱から逃れてきた他国の人々の難民認定を拒《こば》んできた政策そのものが、ぐらついてしまうからであろう。

政情不安なコンゴ民主共和国（旧ザイール）で政府軍に家族を殺され、日本に逃れた同国人の支援をしている女性は、私にこう訴えた。

「状況を訴えても、入管は難民認定してくれない。早く国に帰れというばかりだ。いったい、どれだけ悲惨な体験をすれば難民として認められるのか。帰国して命を落としても構わないというのか」

アフガン難民も、ミャンマー難民も、同じような気持ちでウクライナ「避難民」の処遇に関心を持ったことだろう。

岸田文雄首相はウクライナ「避難民」の受け入れについて、「日本には『困ったときはお互いさま』という言葉があります」と会見でその意義を述べた。

泣きたくなるほどお粗末な言葉ではないか。

その精神があるならば「全件収容主義」がすでに廃《すた》れていなければおかしいし、なによりも収容施設で人が死ぬこともなかったはずだ。「困った時」に見放すのが、入管のお家芸ではないか。

日本の入管収容施設は、まさに「絶望工場」だ。人権を奪い、時に命を奪う。日々、「絶望」をつくり出している。それこそが入管の本質であり、歴史そのものだ。

絶望と死を量産する収容施設など、やはり一度「解体」すべきでないのか。

管理と監視、排他の思想で形づくられた「外国人政策」と一緒に消えてもらわねばならない。

第2章

人の死と向き合えない組織

――安田菜津紀

崩れていく「国」

季節は初夏にさしかかってはいるものの、この日の名古屋は朝から冷たい雨に見舞われていた。2021年5月17日、絶えず窓をつたう雨粒を横目に、私は名古屋出入国在留管理局（以下、名古屋入管）の1階ロビーのソファで、ウィシュマ・サンダマリさんのご遺族や代理人が、局長らとの面会を終えるのを待っていた。

2020年8月に収容されたウィシュマさんは、その後、体調を崩し、自力では起き上がれないほど衰弱しながらも、入院や点滴などの措置は受けられず、21年3月6日に帰らぬ人となった。亡くなった時の体重は、収容当時と比べて20キロ以上落ちていたという。

この日、前日にウィシュマさんの葬儀を終えた遺族は、収容施設内の視察や、ウィシュマさんの居室の監視カメラ映像の開示を直訴しに、数人の弁護士、国会議員と共に名古屋入管を訪れていた。

ウィシュマさんは2017年6月、日本で英語教師になることを夢見てスリランカから来日し、千葉県成田市の日本語学校に通っていた。当初は熱心に出席していたものの、しだいに学校に通えなくなり、除籍となって在留資格を失ってしまうことになる。

同居していた男性から追い出された、と静岡県内の交番に駆け込んだのは2020年8月の

ウィシュマさんの葬儀の翌日に名古屋入管を訪れた妹のポールニマさん（右）とワヨミさん＝2021年5月

ことだった。そこでオーバーステイが発覚する。

その後、名古屋入管の施設に収容されたが、帰国できない理由として、その同居していた同じスリランカ出身のパートナー、B氏からのDVと、B氏から収容施設に届いた手紙に「帰国したら罰を与える」など、身体的な危害を加えることをほのめかす脅しがあったことを訴えていた。私が見せてもらった遺品のノートにも、〈今帰ることできません〉という、切迫した言葉が綴《つづ》られていた。

けれども彼女は最後まで、DV被害者として保護されることも、「仮放免」という形で施設の外に出ることも許されなかった。

待機すること約2時間、ウィシュマさんの妹で次女のワヨミさん、三女のポールニマさんが、疲れ切った様子で1階に戻ってきた。代理人の指宿《いぶすき》昭一弁護士によると、収容されていた部屋に、弁護士や議員の同行は認められなかったという。

同行を認めない根拠として、入管側は当初「保安上の理由」を掲げ、しばらくやりとりが続いた後に「コロナ対策のため」という理由を加えてきたという。過去、弁護士や国会議員による視察は多数重ねられている。なぜ今回に限り「保安上の理由」が提示されたのかは判然としない。「コロナ対策」という理由についても、「少人数に分かれて入れないのか」など、代案を提案しても受け入れられなかった。

居室だけが映っているはずのビデオの開示を拒《こば》み、その理由に「保安上の理由」を掲げながらも、遺族を施設内に案内する（居室以外の周辺環境も目撃できる）のは不可解だった。上川陽子法務大臣（当時）は2021年5月14日の会見で、入管庁に対し、「遺族の意向を尊重して対応するよう指示した」としていたはずだが、真逆の対応が続いていることになる。

代理人弁護士が録音した、内部でのやりとりの音声を確認してみた。名古屋入管局長の佐野豪俊《たけとし》氏（当時）は、「現在調査されている身である」として、遺族からの質問に対する明確な回答を避けている。指宿弁護士は「事実はひとつですから、本省（法務省）に答えたのと同じことを遺族に言えばいい。本省が事実をねじまげる準備をしているから自分たちは言えないと言っているようなもの」と憤《いきどお》る。

「中はあまりに狭く、段ボールの机とベッドが置かれているだけ。こんなところにいたら、心を病んでしまう」とワヨミさんは震える声で居室内部の様子を語った。また、案内を受けている間も、不自然なやりとりがあったという。「ここがウィシュマさんがいた部屋です」と職員に案内され、改めて「ここが本当に姉のいた部屋なのですか？　カメラはあるんですか？　どれくらいの期間いたのですか？」と尋ねても、回答を得られなかったという。

「ここが本当に姉のいた部屋なのですか？」という問いにまで答えないのは、なぜだろうか。最初から遺族の質問には答えない、という前提で案内をしていたのではないかと思わざるを得ない。

指宿弁護士と同じく、遺族側の代理人を務める駒井知会《ちえ》弁護士はこう語る。

「ビデオ開示などを拒否すること、議員の視察を拒むことは、失礼、無礼という話ではなく、〝この国の崩れ方がここまできてしまったのか〟ということの表れだと思います。これは日本社会に暮らすすべての人にとっても、危機ではないでしょうか」

入管という公的機関の闇《やみ》は、局所的な腐敗や機能不全ではなく、この日本の社会制度全体で、何かが欠如していることを物語っているのかもしれない。

日本語のみのアナウンス

名古屋入管のロビーで待機していた間、私はどうしても、そこが多様なルーツの人々が集まる施設であるという感覚を持てずにいた。

入管入り口の傘立ての横に、丁寧にビニール傘を横たえて中に入ろうとした男性へ、「傘は立ててください」と職員が日本語で声をかける。おそらく日本語話者ではないのだろう。きょとんとしている男性に、職員が指をさしながら、「そこ、立てて」と、再度日本語で話しかけ、男性は戸惑った表情のまま、傘立てに後戻りした。

ここを訪れる人々の顔ぶれは様々だ。しかし、1階ロビーに流れる「●番の方、窓口まで来てください」というアナウンスも、2階の申請窓口に響く機械音声の案内も、フロアの椅子《いす》に腰かけて待つ人々に呼びかける職員の言葉も、すべて日本語だったのだ。私の傍《かたわ》らで、やはりずっと日本語で職員から説明を受けていた男性は、その言葉がうまく理解できないのか、曖昧《あいまい》な応答に終始していた。

気になった私は後日、名古屋入管にこのことを問い合わせてみた。総務課の窓口からは「日本語、英語でアナウンスをしている」という返答だった。システムが変わったということだろうか？　この点を尋ねても「いえ、ずっとこの仕組みです」と言い切るので、私の記憶違いだったのかもしれないと思ったほどだ。その後、私は再度、名古屋入管を訪れてみた。2階の申請窓口の機械音声も、1階ロビーに流れるアナウンスも、やはり日本語のままだった。それも、1階ロビーのアナウンスは音割れしており、日本語が母語である私にも聞き取りづらいものだった。

たかが言葉、だろうか。言葉は意志を伝える役割を果たすこともあれば、かつての日本の植民地政策が表しているように、支配の道具として使われることもある。「日本に来たからには日本語を理解しろ」という傲慢《ごうまん》さが、そこにある気がしてならない。まして、衰弱し、命の危機を感じている最中に、自身の言葉を解そうとしない職員たちに囲まれ過ごさなければならなかったウィシュマさんは、どれほどの恐怖と無念にさいなまれていただろう。

ウィシュマさんの事件が発覚してから、いやそれ以前から、入管庁の「不都合を隠そう」という態度は一貫してきた。その一端に触れるにつれ、「いつものこと」と不誠実な態度に驚かなくなってしまっていた自分にはたと気づく。虚偽の説明は何があっても許容できない。それがまかり通る組織に、人命を守ることは不可能だろう。

繰り返される施設内での死

名古屋入管でスリランカ人女性が死亡――。その第一報を知ったのは、知人の弁護士のSN

Sの投稿だった。「またなのか……」と、その日はずっしりと重たい何かにのしかかられたような思いで一日を過ごした。

入管での死亡事案はこれまでも相次いでいた。2007年以降、収容施設内で亡くなるのはこれで17人目だった。うち5人は、自ら命を絶っている。

ニュースで伝えられた彼女は一体、なぜ、命を奪われなければならなかったのだろうか。そもそもその「なぜ」を入管側はどこまで開示するだろうか。これまでの死亡事案でも、担当者や責任者が刑事責任を問われたことはない。国が管理する施設で人が亡くなるという重大事案でありながら、検証さえ、まっとうに行われてこなかった。

今回もそんな入管側の姿勢を上塗りするかのように、ウィシュマさんの死から4日後の3月10日の中日新聞には「適切に対応していた」という入管側のコメントが掲載されていた。死因も背景も全く明らかにされていない状況でも、入管側の「結論」だけは堂々と先出しされていたのだ。

支援者や入管問題に携わる弁護士たちから、次々と抗議の声があがる一方で、SNSの一部やウィシュマさんのニュースが転載されたYahoo!ニュースのコメント欄は地獄と化していった。

「在留資格がない方が悪い」「帰らなかったからだろ、自業自得」――。

在留資格を失うことがまるで「重大犯罪」のように扱われ、その資格の喪失《そうしつ》が人権の喪失であるかのような言説が、後から後から連なっていった。どうかこのコメントが遺族の目に触れないようにと、暗澹《あんたん》たる思いで願うしかなかった。

そもそも、「収容」とは、どんな措置なのだろうか。「仕事を失ってしまった」「困難を抱えて学校に通えなくなってしまった」「パートナーと離婚した」――それは生活していれば誰にでも起こりうる生活の変化のはずだ。けれどもこの「変化」によって、日本国籍以外の人々は、日本に暮らすための在留資格を失ってしまうことがある。

在留資格の有無は、時に「紙一重」の違いであることから、米国のバイデン政権はそうした人々に、「illegal alien（不法在留外国人）」などの呼称ではなく、「undocumented（必要な書類を持たない）」といった言葉を使う方針を示したが、日本の入管庁は相変わらず「不法滞在者」という言葉を使い続けている。

「収容」とは本来、在留資格を失うなどの理由で、退去強制令を受けた外国人が、国籍国に送還されるまでの「準備」として設けられた措置のはずだった。

人を施設に収容するということは、身体を拘束し、その自由を奪うことであり、より慎重な判断が求められるべき措置のはずだ。

ところが実態を見てみると、収容や解放の判断に司法の介在がなく、入管側の一存で、それも不透明な意思決定によって決められていく。しかも、収容期間は事実上無期限だ。

「あと数カ月の辛抱」という目標さえ見えない「宙ぶらりん」の状態が人間に与えるストレスは、残酷《ざんこく》なほど深いものだろう。外部との通信手段は電話のみ、それも入管の外から被収容者にかけることはできない一方通行のものだ。ネット環境からは当然のように遮断される。電話ボックスをつなぎ合わせたような狭さの面会室はアクリル板で仕切られ、窮屈《きゅうくつ》で息苦しい。後ろで職員が常に会話に耳をそばだてている施設もある。

茨城県牛久市にある東日本入国管理センターの収容施設の窓にはめこまれているのは、曇ったすりガラスだという。春になると咲き誇る梅も、満開の桜も、収容者たちが目にすることはない。ただただ、壁の外を通り過ぎていく季節に思いを馳《は》せながら、5年、6年と「自分はいつ出られるのか」と自問自答し続ける日々自体が、拷問《ごうもん》のようなものだ。

たとえ収容を解かれたとしても、「仮放免」という立場では、就労の許可は得られず、健康保険にも入れない。まさに、生存権そのものを否定されてしまっているような状態だ。

まるで送還自体が「機能不全」に陥っているかのような報道も一部見受けられるが、実は退去強制令が出された人々のうち、ほとんどの人たちが送還に応じている。

「入管白書」などによると、2010年から19年にかけての送還率は、平均すると97%を上回っている。残りの3%に満たない人々が、「国に帰ったら命の危険がある」「日本に生活の基盤のすべてがあり、国籍国に家族はいない」「子どもが日本語しか話せない」など、何かしらの「帰ることができない事情」を抱えた人たちだ。

そのような人々が何年もの間、いつ出られるのかもわからず施設に収容されているということも、決して珍しいことではない。

2020年、国連人権理事会の「恣意《しい》的拘禁作業部会」が、入管のこうした実態を「自由権規約違反」と指摘した。それ以前に、国連の「拷問禁止委員会」などの条約機関からも、たびたび勧告を受けてきているが、国際社会からの声が正面から顧《かえり》みられることはなかった。

長期収容を経験したある男性は、「外国人には厳しく〝ルールを守れ〟というけれど、入管こそ国際的なルールを守るべきだ」と、憤りをもって語った。

「君は生きがいを感じていますか」

報道を通して少しずつ詳細が明らかになるなかで、亡くなったのが私と同い年の女性だったということを知った。

ご遺族の来日前、指宿弁護士たちが名古屋入管に引き取りに行った遺品を見せてもらった。数枚残されたシャツには、名前ではなく、遺品番号の記されたタグがついていた。絵が好きだったという彼女は、支援者からもらったペンやノートを大切にしていたようだ。少女や花などのかわいらしいイラストの横に、日本語や英語で文字が綴られていた。その文面からは彼女の置かれた切実な状況が伝わってくる。

〈かりほうめん、おねがいします〉

〈ほんとうに　いま　たべたいです〉

ウィシュマさんが亡くなるまでそばに置いていた和英辞典には、付箋《ふせん》がびっしりと貼られている。開いてみると、小さな字の書き込みや、線を引いた跡など、ウィシュマさんが必死に言葉を身につけようとしていた痕跡がありありと残されていた。ふと、目に留まったページには、例文にマーカーで印がつけられていた。

〈君は生きがいを感じていますか〉

彼女はどんな思いで、この一文に線を引いたのだろうか。

葬儀を終えてからも、遺族は日本にとどまり、真相究明を続けていた。ところが入管庁の報告書は、しだいに公表時期があやふやとなり、2人の妹たちは先行きの見えない日々を強いら

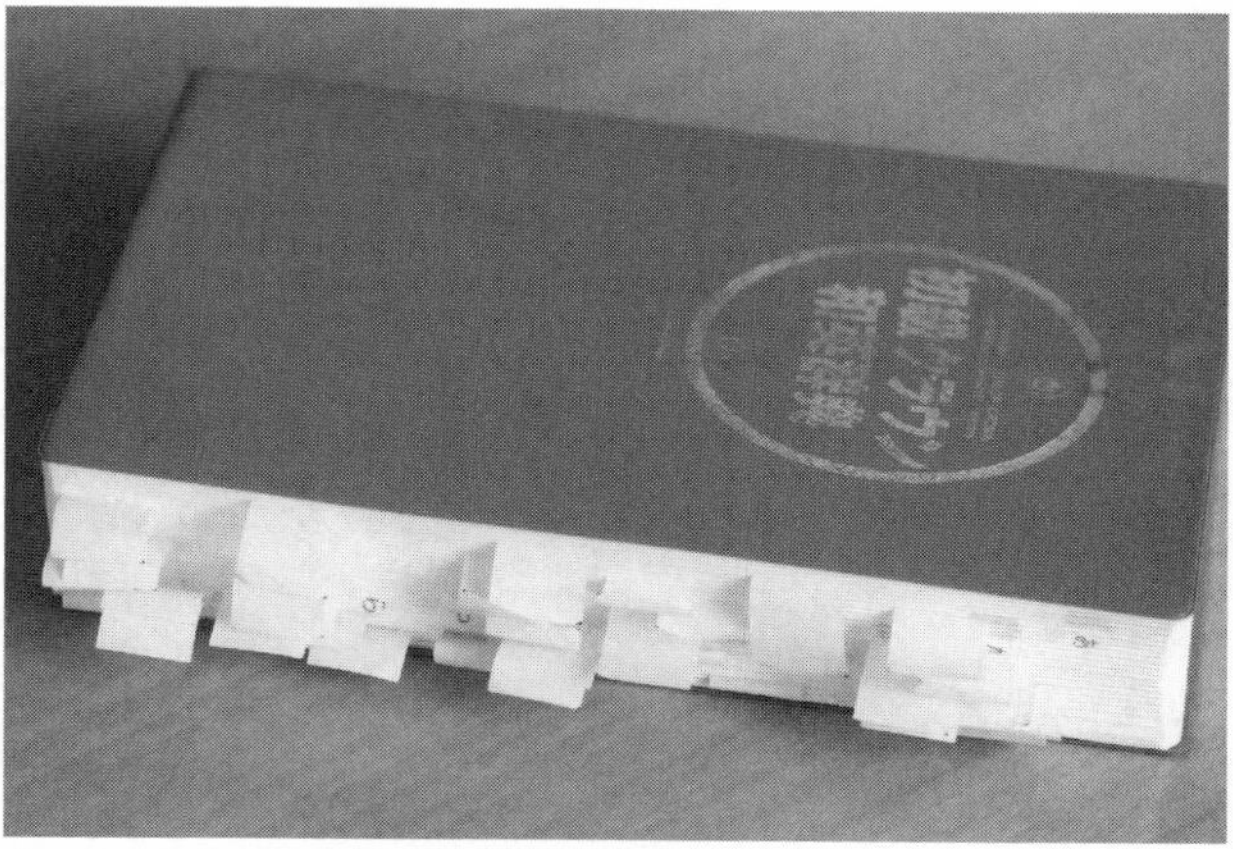

ウィシュマさんが亡くなるまで近くに置いていたとされる、遺品の辞書＝2021年4月

れていた。ビデオ開示が拒まれていることに対し、ワヨミさんは切実に訴え続けていた。

「姉は入管に殺されたと、私たち家族は思っています。その責任があることを隠すためにビデオを出さないのではないでしょうか」

２０２１年8月10日、ようやく遺族に手渡された分厚い「最終報告書」は、やはりすべてが日本語表記だった（その後、10月にシンハラ語訳の報告書を遺族に提出）。遺族は代理人の説明と、その言葉を訳す通訳の言葉を通してしか、中身を解することができなかった。

8月12日には遺族に監視カメラの映像の一部が開示され、その後10月1日には裁判所の手続きである「証拠保全」の過程で、ようやく弁護団もビデオの一端を確認するに至った（残されているビデオ映像は２０２１年2月22日

〜3月6日の計295時間)。

それらを照らし合わせていくと、検証の過程がいかにほころびだらけであったかが浮かび上がる。そのほころびの正体について述べる前に、8月12日に行われた遺族へのビデオ開示について触れておきたい。

この日、入管庁はウィシュマさんが亡くなるまでいたとされる居室の監視カメラ映像13日分を、わずか2時間程度に編集したうえ、ビデオを上映する部屋から、代理人である弁護士たちを排除した。

想像してほしい。自分の大切な人がある日突然亡くなり、遺族としてその異国の地に飛び込むことになった時の不安を。慣れない地で、頼りにしている代理人たちから切り離され、死の責任があるはずの入管の関係者に囲まれながら、その大切な人が苦しみ亡くなっていく様子を目の当たりにしなければならない暴力性を。結局遺族は、1時間10分ほど映像を見進めた時点で視聴を中断し、足元のおぼつかない次女のワヨミさんを三女のポールニマさんが支え、こわばった表情のままレンガ造りの法務省から出てくることになった。

「人権なんてここに全くありません!」

来日してからの3カ月、記者たちの前であんなにも怒りをあらわにして叫ぶワヨミさんを、私は見たことがなかった。

「すべての外国人の皆さんに伝えたいです！　明日はあなたの番かもしれません！」

この日以来ワヨミさんは、狭い部屋に入るたびに、フラッシュバックに苦しむことになる。

「映像が頭の中によみがえってきて、姉が『たんとうさーん、たんとうさーん』って助けを呼ぶ声が響いてくるんです」と、ワヨミさんがぽつりと語ってくれたことがある。

彼女たちの心身の疲労は、限界に近づいていた。9月末、姉妹は葛藤《かっとう》を抱えながらも、ポールニマさんは日本にとどまり、ワヨミさんはスリランカで待つ母の元へと帰国することを決めた。

最終報告書の矛盾

「最終報告書」など、入管の検証に関する分析に戻ろう。報告書の中で、死因は「病死と考えられる」としているが、「複数の要因が影響した可能性があり、具体的な経過の特定は困難」と曖昧《あいまい》にされており、収容との因果関係にも踏み込んでいない。

また、「最終報告書」と、ウィシュマさんの死から1カ月後の4月に入管庁が公表した「中間報告書」をつき合わせていくと、「中間報告書」ではいくつもの重要な点が抜け落ちており、調査の杜撰《ずさん》さが浮き彫りになる。

亡くなる数日前から、ウィシュマさんは、「点滴だけお願い」など、自らたびたび点滴を求めていたと「最終報告書」には記されているが、この点は「中間報告書」には記載されていない。むしろ「中間報告書」は、2月4日の庁内医師、2月5日の外部病院での診療で、〈（ウィシュマさんからの）点滴の求めはなかった〉と記載している。そのため、この「中間報告書」だけを読むと、本人から点滴の求めは一切なかったかのように読めてしまう。

そもそもこの「点滴」についての記載は、「最終報告書」内の記述そのものが破綻《はたん》している。例えばコミュニケーション上の問題として、2月23日、〈「セーラインやって」と言って点滴を求めたことについては、当該看守勤務者が「分からない」と答えていて、看守勤務者に伝わっていなかった〉との記載がある。「セーライン」は英語で生理食塩水の意味であり、シンハラ語でも、点滴の意味で使われる。一方、別添の「経過等の詳細」を見ると、同時間帯に「病院点滴お願い」とウィシュマさんが求めていたことも記録されている。「点滴を求めていたことにも気づかなかった」という言い訳は通用しないはずだ。

後にビデオ映像を確認したポールニマさんは指摘する。「姉はジェスチャーも交えて点滴をしてほしいと訴えていましたし、日本語でも〝点滴〟としっかり伝えていました」

映像には、小さな部屋の中で、「食べたい」「歩きたい」と、懸命に生きようとしていたウィシュマさんの姿があったという。けれども自力で歩けないほど衰弱し、食べ物も体が受け付けなくなってしまったのだ。

入管職員が届けにきた最終報告書について、指宿昭一弁護士から説明を受けるワヨミさん（中央左）とポールニマさん＝2021年８月

「シンハラ語で〝アネー〟という言葉を、一生懸命なにかを頼む時の〝お願い〟という意味で使ったりします。何度も何度も繰り返し、その言葉を口にしながら、姉は弱っていきました」

〝アネー〟は様々な場面で使われる言葉で、「なんでそんなことするの？」「どうしてお願いを聞いてくれないの？」という意味で用いられることもあるという。

さらに、「最終報告書」で新たに明らかになったのが、２月15日に尿検査が実施されていたことだ。検査の数値は、ウィシュマさんが「飢餓《きが》状態」にあったことを示唆するほど深刻なものだったが、緊急措置がなされるわけでもなく、更なる検査が適切に実施されることさえなかった。ようやく外部病院を受診したのは亡くなる2日前の3月4日、それも、内科などではなく、精神科だった。なぜこの尿検査の結果は、「中間報告書」には反映されていないのか。

2021年11月に名古屋入管を訪れた、山添拓《たく》参院議員らによると、名古屋入管側は尿検査の結果について「診療録をPDF化する際、その一枚だけ抜け落ちた」とにわかには信じがたい説明をしたという。名古屋入管側に確認をしてみたものの、「議員との個別のやりとりについては回答できない」と要領を得なかった。入管庁側に問い合わせたところ、「抜け落ちた」という点について、あっさりと事実関係を認めた。決定的ともいえる重大な検査結果が、都合よくすり抜け、そのミスが気づかれもしないまま、中間報告が公《おおやけ》にされることなどあるのだろうか。

「医療体制の不備」としたい入管

3月6日、死亡当日の朝。血圧や脈拍も測定できず、ウィシュマさんが危機的な状況に陥っていることは明らかだった。午後0時56分の時点で、まったく反応を示さなくなっており、午後2時7分、ようやく脈拍がないことが確認される。救急搬送されたのは午後2時31分。こうして時間軸を追っていくと、救急車を呼べたはずのタイミングをことごとく逃していたことがわかる。

そもそも亡くなる前日の3月5日には、すでにバイタルチェックで血圧や脈拍も測定できない状態となり、職員の問いかけにも反応するのが困難になっていた。「医者がいなかったから」「施設内の医療の制約があったから」という説明は、この時点で救急車を呼べなかった理由にはならないはずだ。

入管側が飽《あ》くまでも、事件の背景を「医療体制の不備」という文脈に回収したいことは、「最終報告書」が出されてから約半年後、2022年2月に公表された「入管収容施設における医療体制の強化に関する提言」からも読み取れる。提出した「有識者会議」のメンバーには、この「最終報告書」に携わった「有識者」も含まれる。

提言内では「入管収容施設における医療の特殊性・困難性」として、〈(被収容者が)異常がないとされても、体調不良を訴え続けるなどして、別の外部医療機関の受診を要求する〉〈被収容者の中には、仮放免の許可を求めて、拒食(官給食の摂取拒否)をする者がおり、このような被収容者に対し、医師等が、拒食による健康への悪影響を説明しながら、摂食に向けた説得や点滴等の治療の必要性の説明をすることもある〉〈自傷行為や異物をえん下する者、収容生活の不安やストレスが高じて変調を来す者がいる〉ということが羅列されているが、なぜそこまで被収容者が周囲に不信感を持っているのか、なぜ「拒食」や「自傷行為」に至るまでに追い詰められているのかには踏み込んでいない。

にもかかわらず、「入管収容施設で勤務することの魅力の発信」という項目には、〈意図的・作為的な訴えや心因性の訴えを含め、様々な訴えに対応する総合的な診療経験を積む機会〉が〝魅力〟として記されている。つまり、被収容者は「嘘《うそ》」をつくこともあるから、それを含めて対応することもまたいい経験だ、と被収容者を道具のように位置づけることを憚《はばか》らない内容になっているのだ。

「最終報告書」には、複数の職員が、ウィシュマさんの体調不良を〈仮放免許可に向けたアピール〉と認識していたことも記されており、日ごろから「外国人は嘘をつくはず」といった差別的な目線で被収容者を見ていたことをうかがわせる。その目線の先にウィシュマさんの死があったことへの反省は、ここには皆無だった。

「提言」には〈医療用機器の整備〉も盛り込まれているが、命を救うのは器具そのものではなく、それを駆使する人間の判断だ。救急車を呼ぶことさえできなかった施設にいくら機材を搬入したところで、どこまで意味をなすのだろうか。

職員たちの差別的言動

また「最終報告書」には、常態化していたであろう、職員たちによる被収容者を見下した言動の数々も綴られていた。

3月1日、ウィシュマさんがカフェオレを飲もうとしたところ、うまく飲み込めずに鼻から噴出してしまう様子に、「鼻から牛乳や」と職員が発言。死亡前日の3月5日には、食べたいものを尋ねられたウィシュマさんが弱々しく「アロ……」と答えたところ、職員が「アロンアルファ?」と聞き返すなど、死が目の前まで迫ってきている彼女を嘲《あざけ》っていた。亡くなった当日でさえ、反応をほとんど示さないウィシュマさんに対して、「ねえ、薬きまってる?」などと声をかけていたことが記録されている。

〈職員の気持ちを軽くすると共に、(ウィシュマさん)本人にもフレンドリーに接したいなどの思いから軽口を叩いた〉という一人の職員の供述には、背筋《せすじ》の凍るような思いだった。介護や看護の専門家でもない自分たちの手に負えない状態となるまで、手を打たないことがそもそも問題であり、施設内で対処できないのであれば、収容を解く以外の選択肢は本来なかったはずだ。「フレンドリーに接したい」という言葉は、差別的扱いが「カジュアル」なものとして横行していたことを思わせた。

ただこれが、「暴言」のすべてかはわからない。文字になった報告と、遺族や代理人が見た映像に映し出されていた光景に、乖離《かいり》があるからだ。

弁護団によると、亡くなる3日前にあたる3月3日のビデオには、ぐったりとしたウィシュマさんが、食べさせられたものをすぐバケツに吐いてしまい、その直後、口をゆすぐこともなく、また職員がスプーンをウィシュマさんの口に入れる様子が映っていたという。あまりに残酷なシーンだが、驚くことにこの場面は「最終報告書」の中では、〈食べた〉としか書かれていない。弁護団の一員である児玉晃一弁護士は、「最終報告書」を「嘘ではないが真実とは程遠い」と評している。

「最終報告書」に記載されている中でも、入管のいびつな収容のあり方を端的に表しているのが、ウィシュマさんの仮放免を不許可にした理由だ。〈一度、仮放免を不許可にして立場を理解させ、強く帰国説得する必要あり〉という記載があるように、日本にとどまることを諦めさせるための「手段」として収容を用いていたことが堂々と書かれている。

先に記した通り、収容の本来の目的は送還されるまでの「準備」としての措置であって、拷問の道具として入管が恣意的に使うべきものではない。「医療の制約」の問題にすり替えたり、「職員の意識改革」といった、ひとまず「やっている感」を出す表面的な改善をするのではなく、この収容のあり方そのものを根本から変えない限り、同様の事件は繰り返されてしまうだろう。けれどもその根本部分に切り込むことを、報告書は頑《かたく》なに避けていた。

「強者」の視点で編んだ報告書の限界

この収容のとらえ方と並んで気がかりだったのが、ウィシュマさんが訴えていたＤＶ被害と、かつて同居していた同じ国出身の男性、B氏についての記載だ。

「最終報告書」によると、ウィシュマさんは2020年8月19日、静岡県内の交番に出頭したことについて「恋人に家を追い出された」と語り、8月21日には入国審査官に対し、「B氏と同居していたとき、殴られたり蹴られたりしていた」「B氏から無理やり中絶させられた」と伝えたとされる。この「中絶の強要」が事実だとすれば、加害者側が刑法にも抵触《ていしょく》しうる重大な事態だが、この点について正面から検証された形跡は、報告書にはない。

DV防止法の改正を受け、2008年7月に、法務省入国管理局長名(当時)で通知された「DV事案に係る措置要領」(2018年に一部改正)は、DV被害者を認知した場合の対応や、関係機関への連絡などが細かく整理されているが、「措置要領」の存在や内容が周知されていなかったと報告書には記されていた。

B氏について「切迫した危害を示す状況はない」と判断した理由として、B氏からウィシュマさんに宛てて送られた手紙2通のうち、「手紙①には脅しともとれる内容が書かれていたが、その後送られてきた手紙②には、今はもう怒ってない旨書かれていたこと」などがあげられている。果たしてこの「もう怒ってない」を鵜呑《うの》みにすることは妥当だろうか。

2021年11月、名古屋市が発行する「広報なごや」は、「知ってほしいDVのこと」として、DVのサイクルについて周知している。

〈加害者は、常に暴力を振るうわけではなく、別人のように優しくなる特有の周期があります。繰り返すうちに感覚が麻痺し、サイクルから抜け出せないまま状況が悪化すると言われています〉と記したうえで、怒りが爆発し暴力を振るう「爆発期」と、別人のように優しくなる「ハネムーン期」といった、暴力のサイクルについて注意喚起している。

これは名古屋市が特別に行っているものではなく、多くの自治体がHPなどで呼びかけていることだ。そんなDVについての初歩的ともいえる知識さえ、検証に加わった「有識者」も、取りまとめる入管庁側の責任者たちも、持ち合わせていなかったのだろうか。

そのうえ、警察署に勾留中のB氏は、外国語での手紙のやりとりが原則認められておらず、ウィシュマさん宛ての手紙はいずれもローマ字で書かれている。つまり、警察などの目に触れることを前提に書かれているものでさえ、脅しの文言が平然と書かれていることに、むしろ事の深刻さを察しなければならなかったのではないだろうか。

「最終報告書」では、B氏の言い分を一方的に記載している箇所が目立つ。

B氏は調査チームに対し、過去に暴力を振るったことは認めたものの、それが一方的ではなかった「証拠」として、ウィシュマさんが体当たりしてくる動画（撮影日不明、音声なし）や、「（ウィシュマさんに）コップを投げつけられた」として床に割れたコップが散らばっているような写真を調査チームに提供しているが、ウィシュマさんが動画で何を主張していたのか、コップは本当にウィシュマさんが割ったものなのか定かではない。

「記録をとる」ということは、加害者側が支配的な立場にあるからこそできることだ。相手がたまたま反撃したシーンを撮影し、さも「どっちもどっち」であるかのように都合よく切り貼りして使うことは、DV加害者の振る舞いとして決して珍しいことではない。

三女のポールニマさんは、ウィシュマさんと連絡がとれなくなった頃のことをこう振り返る。

「姉に電話すると、知らない男性が出たんです。『どなたですか……？　姉と話したいのですが』と尋ねると、『お前には関係ない。ウィシュマに電話は代わらない』と拒絶されました」

その後も、ウィシュマさんのスマホから、同じ男性からと見られるメッセージが送られてきた。そこには「ウィシュマに連絡してきても、返信はしない。もうお前たちに電話はかけさせない」と突き放す言葉が綴られていたという。

最後の連絡でウィシュマさんは、「私は元気よ。学校もアルバイトも忙しくてなかなか連絡ができないけれど……なにかあったら、こっちから、電話をかけるからね」と伝えてきたという。忙しいことは心配しつつ、元気には過ごしているのだろうと安心もしていた。

その一方で、念押しするように「なにかあったらこっちから連絡するから」とメッセージも送られてきていたことが気になっていた。「そちらからは連絡しないでほしい」というニュアンスも感じられたからだ。

周囲から孤立させることもまた、精神的なDVのひとつだ。ウィシュマさんが学校に通えなくなった時期と、B氏との交際や同居が始まった時期は重なる。そこに何か、関連性はないのだろうか。その点についても、報告書は踏み込んでいない。

ウィシュマさんが収容されていた2020年末には、ウィシュマさんの母、スリヤラタさんの元に、B氏が高額な金銭を要求してきたことが2度あったという。B氏は警察に勾留された後、ウィシュマさんと同じ名古屋入管に収容され、20年11月27日、収容を解かれていたのだ。それも、B氏から請求したのではなく、入管側の職権によって仮放免をされていた。ウィシュマさんが体調不良やDV被害を訴えながら外に出たいと請求しても、収容を解かれることはついになかった。なぜここまで非対称な対応となったのだろうか。

「最終報告書」には、「(ウィシュマさんを) 助けてほしいと家族に伝えた」というB氏の主張のみが記されている。遺族に、事実関係の確認やヒアリングもせず、認識の食い違いがあることさえ言及されていない。

こうした杜撰な調査を元にしながら、「DV被害者として特別の取扱いをするべき事案とまでは言えない」と結論づけるのはあまりに拙速《せっそく》ではないだろうか。結局これが、強大な権力を持った入管が、やはり「強者」の視点で編んだ報告書の限界だった。

第3章

ウィシュマさんの故郷を訪ねて

——安田菜津紀

死を照らすために

「ねえ、このままでは真相究明が遠のいてしまうの……?」

スリランカからそんなメッセージを受け取ったのは、2021年11月1日、日本の衆議院議員総選挙から一夜明け、各メディアがこぞって「勝因」「敗因」の分析を書き連ねている日だった。最大野党である立憲民主党が13議席減らしたうえに、ウィシュマさんの問題にも熱心に取り組んできた多くの議員たちが落選していった。あのメッセージは、翻訳機能などを駆使しながら日本の報道を必死に追いかけていた、次女のワヨミさんからのものだった。

遺族は日本の政治のパワーバランスを詳しく知っているわけではない。否応《いやおう》なしにそこに巻き込んでしまうことには、発信者の一人として慎重でありたいと思う。ただ、彼女たちが日本の総選挙結果を気にしなければならないほど、日本政府はあるべき真相究明を怠《おこた》り、事件の核心から目を背けてきたのだ。

そもそも、法務委員会でウィシュマさんの事件に力を注いできた議員たちが落選したことに危機感を抱かなければならないこと自体、いかに外国人の人権や入管問題に対して、国会議員の間で蓄積が乏しいのかを如実《にょじつ》に表しているように思う。

2021年10月、私は初めてスリランカの地を踏んだ。入管で起きた事件で、当事者や家族が顔と名前をメディアにさらし、声をあげることはまれだ。遺族が勇気を出して矢面《やおもて》に立ったからこそ、多くの記事や番組が世に出た側面は確かにある。一方で、ウィシュマさんや遺族を、ただ「アイコン」のように消費していないか、自問自答するようになった。ふとそんな時、とある事件の遺族が取材で語った言葉が脳裏に浮かんだ。

「そこに、生き方が表れていないと、死を照らし出せない」

ウィシュマさんがなぜ亡くなったのか、ということを解明するための声はもちろん必要なものだ。一方で、彼女がどのように生き、どんな人に囲まれ、何を愛したのか、取材者としてそれを十分に「照らす」ことができていないように感じられていた。

癒えない悲しみ

成田空港を発ち、9時間余り。徐々に高度を下げる飛行機の窓から、かつてウィシュマさんも目にしたであろう風景に見入った。青々とした森が地平線まで続く大地は、まぶしく、瑞々《みずみず》しかった。

最大都市コロンボから、車を走らせること1時間。乗り換えたトゥクトゥク（三輪タクシー）で、昼寝する野良犬たちをよけながら曲がりくねった道を進んでいくと、木々に囲まれた静かな農村の一角にある、白壁の家にたどり着いた。ランブータンやココナッツの木が生い茂る庭から、先に帰国していた次女のワヨミさんとパートナー、そしてウィシュマさんの愛犬だった、シェパードのシェニーが出迎えてくれた。

天井の高いリビングは、蒸し暑い気候でも風通しがいい。玄関から中に進むとすぐに、木棚の上に掲げられた、ウィシュマさんの遺影と目が合う。今は亡き父の写真の横で、彼女は静かに、私たちに微笑《ほほえ》みかけていた。

リビングで迎えてくれたウィシュマさんの母、スリヤラタさんは、にこやかな表情を浮かべてはいるものの、目元には深く疲れがにじんでいた。自己紹介もそこそこに、「ここでウィシュマは育ったのよ、こんなに小さい頃から」と、身振り手振りを交え、堰《せき》を切ったように語り始めた。さっきまでの穏やかな表情がしだいに崩れ、ウィシュマさんの子ども時代を語りながら、肩を震わせ泣き崩れてしまった。半年以上が経ってもなお、悲しみは寸分も癒えてはいなかった。

リビングの奥にある、ふたつのベッドが並ぶ小さな部屋は、3姉妹が仲良く過ごしてきた場所だった。クローゼットには幼い頃の服や、日本に発つ直前まで着ていたサリーが重ねられていた。三女のポールニマさんとウィシュマさんは、お気に入りの服を着ては鏡の前でポーズを

ウィシュマさんの実家のリビングの棚の上には、亡き父の写真（右）の隣にウィシュマさんの遺影が並ぶ＝2021年10月

３姉妹が育った部屋。幼い頃に描いた絵が、今も壁に残されている＝2021年10月

とり、「ママ、どう？　きれいでしょ？」と、写真を撮ってはしゃいでいたと、スリヤラタさんは目を細めながら語ってくれた。

ポールニマさんが、この部屋に宿る思い出をこう振り返ってくれたことがある。「写真を撮るのは二人とも大好きで、いくら撮っても足りないくらいでした。姉と私は同じベッドで寝ていましたが、遅くまでおしゃべりをしたり、その日の写真を見せ合ったり、じゃれ合ったり、まるで親友同士のように過ごしていたんです」

ウィシュマさんの残したものを一つひとつ見かえしながら、スリヤラタさんの目からまた、ぽろぽろと涙があふれてくる。「どうしてこんなことに……ウィシュマの遺品を捨てることなんてできません……」

日本に発つ前、ウィシュマさんはワヨミさんたちに、「部屋を絶対に、このままにしておいてね」と言い残していったそうだ。それは、「私はいつか、帰ってくる」という意思の表れだったはずだ。

それから毎日のように、私はウィシュマさんの家で食卓を囲み、家族の手料理に舌鼓《したつづみ》をうった。庭にはえている「コッチ」と呼ばれる唐辛子は、飛び上がるほどの辛さで、鶏肉の炒め物やカレーに入れて食べると、滝のように汗が噴き出してくる。「サライ（辛い）、サライ！」と繰り返す私の様子に大笑いしながら、家族たちは自然と、ウィシュマさんの思い出話をするの

ウィシュマさんのことを報じた地元の新聞を眺める母のスリヤラタさん（右）と祖母のミリさん＝2021年10月

だった。

「この鶏肉の炒め物、ウィシュマがレシピを考えたのよね」「仕事から帰ってくると、『お腹空《す》いたー！』ってこの部屋にかけこんできたわね」「ほら、日本に行く前は、そこの机に座ってずっと、辞書を引きながら勉強してたじゃない」――。

この家にいると、会話の中心にはいつも、ウィシュマさんがいた。まるで昨日まで、この部屋で生活をしていたかのように。

夕食の片付けも終わり、夜も更《ふ》けてきた頃、屋根を打つスコールの音はいつの間にか、コロコロと鳴く穏やかな虫の音に変わっていた。

リビングの薄暗い灯《あか》りの下で、スリヤラタさんはぽつんと一人座り、地元の新聞を眺めていた。ウィシュマさんが亡くなった直後、事件のことが写真入りで大きく掲載されていた紙面だった。物思いに沈むようにじっと、生前のウィシュマさんの写真を眺めていたスリヤラタさんは、またぶるぶると肩を震わせながら、両手で顔を覆った。その様子を察してか、寝室にいた86歳になる祖母のミリさんが、そっと歩み寄り、まるで小さな少女を愛おしむように、しわだらけの手で優しくスリヤラタさんの頭をなでた。

突然の死の知らせ

3姉妹は幼い頃から、スリランカでも人気のドラマ「おしん」を繰り返し見て育ってきたという。一人の女性の姿から、戦後の日本の歩みにも触れ、復興していくその様子に感動を覚えたそうだ。

転機となったのは、ウィシュマさんが最大都市コロンボのインターナショナルスクールに勤めていた時だった。日本人の職員やその子どもと触れ合う機会があり、彼らの温かい心にひかれたのだと、妹たちに楽しげに語っていたという。「日本で英語を教えたい」という夢を抱くようになったのは、その頃だった。一家のムードメーカーだったウィシュマさんと離れ離れになることを、家族は惜しんだ。それでも、「大好きだった日本に行って夢を叶《かな》えられるなら」と妹たちは喜んだ。

2021年3月、突然、彼女たちの家に一人の警察官がやってきた。彼は東京にあるスリランカ大使館から連絡を受け、ウィシュマさんが亡くなった知らせを届けにきたのだった。「信じられないし、信じたくない……でも警察がそんな嘘《うそ》をいうはずがない……」。当時の混乱と葛藤《かっとう》を、ポールニマさんはそう振り返る。

愛犬シェニーはその間、部屋の中や外を落ち着きなく動き回ったり、吠えたりを繰り返していたという。収容中のウィシュマさんが支援者に宛てた手紙には、「犬は遊ぶし、人間の気持ちがわかる犬もいます。私の犬も私の気持ちわかります」と綴《つづ》られている。この時のシェニーも、何かを敏感に感じ取っていたのかもしれない。

スリランカ大使館の番号に、震える手でスリヤラタさんが電話をかける。警察の伝達は嘘ではなかった。電話を握りしめたまま、スリヤラタさんは茫然《ぼうぜん》と佇《たたず》んでしまった。「おばあちゃんにはなんと伝えたらいいだろう……」。そう考えあぐねているうちに、ただならぬ空気をミリさんも察していたようだった。

「ウィシュマがそんなことに……」

現実をなんとか受け止めようとするミリさんの横で、スリヤラタさんはうつろな表情で、涙も出ない様子だったという。

この残酷な事実と向き合うため、遺族の誰かが日本に飛び、遺体を確認しなければならなか

ウィシュマさんの愛犬シェニー。時折、「くん」と寂しそうに鼻をならす＝2021年10月

ウィシュマさんの遺影に口づけする母のスリヤラタさん＝2021年10月

った。体調を崩していたスリヤラタさんには、変わり果てた娘の姿を見ることは耐えがたいことだった。足腰の弱っているミリさんのことも一人にはできない。

「私の目で見るように、ウィシュマを見て、最後の別れをしてきてちょうだい」

そう言ってスリヤラタさんは、2人の娘に思いを託した。

――ここには書ききれないほど、たくさんの思いを聞かせてもらったスリランカ滞在となった。私がスリランカを発つ日、スリヤラタさんに勧められ、小さなジャックフルーツの苗木を庭の片隅に植樹させてもらった。「コス（ジャックフルーツ）はね、カレーに入れても美味《おい》しいのよ。今度はフルーツがいっぱいになる季節に来てね」と、スリヤラタさんは和やかに私を送り出してくれた。必ずまた、大きくなったジャックフルーツの木を見に戻ってこよう。

崩れる「保安上の理由」

一方、日本にとどまるポールニマさんの真相究明は続き、弁護団とともに、証拠保全の手続きとして、たびたび名古屋を訪れ、ビデオ映像の確認を重ねていた。

ビデオ映像の開示が頑《かたく》なに拒まれてきた理由として、入管側は当初から「保安上の理由」という曖昧《あいまい》な事情を掲げ続けてきた。証拠保全手続きによる映像の開示にあたっても、当初は部屋の鍵や窓、入管職員らの顔は見せられないとしていたが、結局、ビデオの端の方が映らないよう対処して上映すれば、鍵も窓の位置もわからなかったという。また、監視カメラは部屋の真上から撮影しており、職員も帽子をかぶっていることから、職員の顔はモザイクがなくても見えなかったという。そもそも遺族は、ドアの形状などを詳しく見たいと主張しているわけではない。

これまでの「保安上の理由」とは何だったのだろうか。それはむしろ、組織の「保身上の理由」だったのではないだろうか。入管庁の回答は、「当局における保安上の支障を具体的にお答えすることが、保安上の支障である」と、負の無限ループを思わせるものだった。こうして外部からの視線を拒む組織の透明性を、どう確保できるというのだろう。

ビデオを不開示にしてきたもうひとつの理由として、入管側は「ご本人（ウィシュマさん）の名誉・尊厳」を掲げてきたが、ウィシュマさんが生きている間、再三踏みにじってきたものを、なぜ死後になって「盾」にするのだろうか。そして、ウィシュマさんの尊厳のあり方を決めるのは、その死の責任がある側ではない。そもそも「名誉・尊厳」を理由に掲げながら、なぜ「最終報告書」の調査に加わった「有識者」には、遺族の了解を得ずにビデオをすべて見せているのだろうか。

ポールニマさんは憤《いきどお》りを込めて語る。「私たちは、家族なんです。何が起きたのかを知りたいという私たちの強い思いを粗末に扱うこと自体が、本当に残念です。入管が、何か隠したがっていたとしか思えません」

ポールニマさんの記憶に残るウィシュマさんは、今でも茶目《ちゃめ》っ気にあふれた、明るい姿だという。その姉がなぜ、こんなにも寂しい死に方をしなければならなかったのか。せめて、真実を知りたいと強く訴える。

「肌の色や国籍に関係なく、人間は皆平等だと私は思ってきました。助けてほしいと訴える目の前の人を人間として扱っているのであれば、必要な治療を受けさせるはずです。姉が入管で、人間として扱われていたとは到底思えません」

２０２１年12月24日、同じ手続きの中で映像の一部を確認した弁護団によると、「私死ぬ」と口にしたウィシュマさんに対し、職員がこう言い放ったという。「死なないよ、大丈夫。あなたが死んだら困るもん」

指宿昭一弁護士は、同日開いた記者会見で、入管側との不自然なやりとりについて指摘した。ビデオ映像を視聴している際、途中で映像の一部が映らなくなるトラブルがあり、国側は「時間を延ばしてくれれば上映できるから、今日中になんとか視聴を終えてほしい」「東京から新幹線で（名古屋に映像を）持ってくる」と強引な態度を見せ、その理由について尋ねても、正面からの回答は得られなかったという。結局、ポールニマさんが体調を崩し始めたこともあり、ビデオの上映は途中で切り上げられた。

「国側の代理人たちは、ものすごく暗い顔をして、真っ青になっていました。よっぽど上から〝絶対に今日までに終わらせてこい〟と強く言われていたのだと思われます。ビデオを見せることでの幕引きを強く意識していたのではないでしょうか」

森友学園公文書改ざんにも重なる構図

実はこの年末、他の事件に関しても「幕引き」を図るような動きがあった。とりわけ卑劣だったのは、赤木雅子さんが2020年3月に起こした裁判をめぐっての動きだった。

財務省近畿財務局の上席国有財産管理官だった雅子さんの夫、俊夫さんは、「森友学園」への国有地売却をめぐる公文書の改ざんを強いられ、2018年3月、自死へと追い込まれた。その後の財務省の内部調査では、真相が曖昧なままとなり、雅子さんは「真実が知りたい」と、国と当時の理財局長だった佐川宣寿《のぶひさ》氏を提訴した。「内輪の調査」では問題の根幹にたどり着けない、という意味では、ウィシュマさんの「最終報告書」の問題にも構造は重なる。

赤木さんに対し、国側は請求棄却を求めていたが、2021年12月15日に行われた非公開の裁判手続きで突如、賠償請求を受け入れる「認諾《にんだく》」の手続きをとったのだ。

「受け入れる」といえば聞こえはいいかもしれない。けれども赤木さんがこの裁判を起こしたのは、「なぜ夫は亡くなったのか」という真相究明のためだった。だからこそ、この「認諾」手続きをとられないように、慎重に賠償請求額を弁護士たちと話し合い、1億円あまりという高額に設定していた。これから証人尋問などが始まれば、より問題の核心に近づけたかもしれないのだ。

けれども、こうした形で赤木さんの訴えが「丸のみ」されれば、裁判はそこで終了となり、法廷での真相究明の道はばっさりと断たれてしまう。2日後の12月17日、赤木さんは〈不意打ちです〉〈あまりに酷い〉と記した直筆の抗議文を財務省まで提出に出向いた。

監視カメラ映像を上映しきれないというトラブルや、年内に幕引きを図ろうとする姿勢に見えた、国側の相当な焦りや狼狽《ろうばい》にも、何か重なるものがあるように感じるのは私だけだろうか。2022年には参院選も控えている。まるで「不都合は年越しをさせるな」とでもお達しがきているかのように、これまで追及が続いてきた事件が、次々と、「もう過ぎたこと」にされようとしていた。

「大切な人の命が奪われた」――その真相を知りたいと願う人の前に、なぜこの社会では、これほどまでに分厚い壁が立ちはだかり続けるのだろうか。

この証拠保全手続きの同日、ビデオの一部が法務委員会の衆院議員にも開示されたが、非公開の、いわゆる「秘密会」形式で行われたものだった。

立憲民主党の階猛《しなたけし》議員は亡くなる直前のウィシュマさんの声を、「断末魔《だんまつま》のような声だった」と語っている。以前私がインタビューをした、ウィシュマさんと同時期に名古屋入管に収容されていた女性も、ウィシュマさんが手足を職員に動かされた際の甲高《かんだか》い悲鳴を耳にしたという。

なぜ、一部の議員のみに、非公開の形式での開示なのだろうか。そもそも、遺族に開示された映像は約4時間半、議員に開示されたビデオは6時間半ほどであり、残された映像の総時間の2%ほどにしかならない。「なるべくまっとうな検証を」ではなく、「なるべく影響を最小限に」という入管側の思惑が透けて見える。

“犯罪者扱い”という偏見

ウィシュマさんの事件が起き、2021年8月に「最終報告書」が公表されてから、法務省や入管側は、どのように変わってきただろうか。

2021年10月5日の会見で、就任したばかりの古川禎久《よしひさ》法務大臣は、ウィシュマさんについて「日本が好きで日本に来られた方が、このような形で命を落とされたことについては、日本人の一人として大変辛《つら》い気持ち」と語った。実は他の政治家や、一部メディアでも、「親日家の女性がなぜこんなことに」という文脈で、ウィシュマさんのことが語られることも少なくなかった。

　そうした言葉への違和感は尽きない。「親日家だから」人権侵害をしてはいけない、ということではないはずだ。どんな背景があろうと、どんな立場にあろうと、権利を不当に侵害されていい人などいない。まして、命を奪われていい人などいない。「生きる権利」は何かの対価として、誰かの一存で与えられるものではない。その前提が抜け落ちたままでは、事件が起きた構造上の問題は変わらないはずだ。

　さらに12月、入管庁側は「現行入管法上の問題点」と題した資料を公表した。それは彼らの言うところの「送還忌避《きひ》者」、つまり送還を拒む外国人に「前科」のある人々がいることを強調する内容だった。

　例えば2020年12月末の時点で、3103人が退去強制命令を拒否し、このうち994人が日本で有罪判決を受けていたと資料は指摘しているが、ここに入管難民法違反約420件も含まれている。ウィシュマさんの遺族の代理人でもある、髙橋済《わたる》弁護士は、「実際に（国外への）退去強制命令を受けた人たちのうち、過去に刑罰法令違反とされたことがあるのは2％ほどです。入管難民法違反の内訳が示されておらず、在留期限を経過してしまった〝オーバーステイ〟まで〝有罪判決を受けた人々〟の中に含まれている可能性が極めて高いと思います」と指摘する。

そもそも、法務省は刑務所から出所した後の「社会復帰」も後押ししているはずだ。「前科者」であれば〝帰れない事情を考慮しなくていい〟と考えているかのような印象が否《いな》めない。

「入管が〝前科がある〟と強調している人たちは、すでに刑期を終えているなど、現時点で刑事施設にいる人たちではありません。刑事責任は償い、これからどうやって社会に戻るのか、その過程にある人たちですよね。それにもかかわらず、こうした公表を行うことは、彼らの更生や、家族とやり直していくことなど、社会復帰の過程において、害でしかありません」

2020年末の時点の「送還忌避者」であれば、ウィシュマさんも、この「忌避者」として数えられていた可能性は高い。資料からは、なぜそうした人々が送還を拒むのか、なぜ帰ることができないのか、生身の人間の声が、一切聞こえてこない。

むしろ、送還を拒んでいる人たちの一部が、「凶悪」とされる罪を過去に犯したことをことさら印象づけるものだった。

日本の中で、「外国人は恐い」という漠然とした偏見はいまだ根強く、こうした資料が与える負の影響について、本来であれば法務省こそ慎重でなければならないだろう。

「〝障害のある人〟が犯罪を起こした、〝女性〟が犯罪を起こした、〝セクシュアルマイノリティの人〟が凶悪犯罪を起こした、〝ある特定の県出身者〟が凶悪犯罪を起こした等々――これらが犯罪となんの関係があるのでしょうか？　国籍、在留資格と犯罪にはなんの関係もなく、問題なのは〝なぜ〟その犯罪をおこなってしまったのか？　そして次に、〝どうやって〟立ち直っていくのか？　家族の元に帰るのか？　そうしたことこそが最も重要なことだと考えます」

長期収容の原因を、「送還を忌避する人間がいるからだ」と、被収容者の態度に矮小《わいしょう》化するのも問題のすり替えだろう。ウィシュマさんの「最終報告書」で浮き彫りになったように、強制送還に応じさせるための拷問、制裁の手段として収容を使うことは、恣意的な拘禁の発想そのものだと髙橋弁護士も強調する。

資料を読み進めながら、私自身も眩暈《めまい》を覚えた。「ヘイトスピーチを許さない」責任があるはずの法務省が、一部の数値のみを都合よく提示し、「ほらこんなに危ない〝外国人〟がいる、追い出したいだろう」と煽《あお》る——それがあるべき省庁の姿だろうか。

入管法政府案の廃案に見た希望

こうした法務省、入管庁の姿勢に業《ごう》を煮やす一方で、この1年あまりに生み出されてきたのは必ずしも絶望ばかりではない、とも感じている。世代を超え、多くの人々が声を持ち寄ってきたからだ。

２０２１年2月19日に閣議決定された入管法政府案が、4月16日、衆議院で審議入りした。外国人を強制的に国外に退去させるための手続き（退去強制手続き）などをさらに強化することで、「送還忌避・長期収容問題の解決を図る」というのが政府側の意図だった。しかしこの法案は、実態を的確に踏まえていないうえに、大きな人権問題をはらんでいた。

例えば、ウィシュマさんのように「帰れない事情」を抱えた人たちが国外退去の命令に従わない（従えない）場合、保護したり在留資格を付与したりするのではなく、1年間の懲役、または20万円以下の罰金の対象とする内容が盛り込まれていた。

さらに法案では、（審査請求等の不服申し立て手続きも含めて）法務大臣が難民不認定の結論を2回出してしまえば、以降は難民申請していた外国人の強制送還が可能になってしまう仕組みとなっていた。日本の難民認定率は1％にも満たない。だからこそ、その分厚い認定の壁を前に、命の危険から逃れ、保護を求める人々は、何度も、何度も難民申請を繰り返さなければならないのが現状のはずだ。

こうして政府は、「保護されるべき人を保護しよう」「帰れない事情を抱える人々の声に真摯《しんし》に耳を傾けよう」といった方針ではなく、「とにかく帰してしまおう、従わないなら刑事罰を与えよう」という「改正」を推し進めようとしていた。

メディアも野党議員も当初、一部を除き、この法案への反応は鈍かったように思う。私が話したある議員は、「メディアはさほど関心を寄せていない」と言い、テレビ局の関係者は「野党がそれほど反応していない」と語り、悪循環を感じていた。

「脆弱《ぜいじゃく》な立場の外国人は殴っても反論できない」――もしかすると政府は当初、そう考えていたのかもしれない。けれども抗議の輪は、じわじわと、そして確実に広がり、やがてひとつのうねりとなっていった。法的なことは複雑でわかりにくいというイメージを持たれがちだが、入管法政府案で問われている本質は、極めてシンプルなものだった。国家権力が恣意的に命の線引きをし、その線より向こう側の人々の命には何が起きても構わないかのようにふるまう――そのような社会が、本当に私たちにとって望ましい社会なのか、ということが突きつけられていたのだ。

入管法政府案が事実上の廃案へと追い込まれる2021年5月18日まで、私も審議や、抗議の声をあげる人々の動向を取材し、記事にし続けた。それはジャーナリストとしての問題意識を超えて、一人の人間として許容できないものがこの法案にあると感じたからだ。

これまで取材で出会ってきた、難民申請中の人々、入管の収容施設に収容され続けている方々の顔が毎日のように脳裏に浮かんだ。彼ら彼女たちは、この法案が通れば強制的に送還され、命を奪われることさえあるかもしれない。そんな当事者たちが、リスクを覚悟で人前で声をあげ、メディアに廃案を訴えかけていた。その声に、応えなければならないと思っていた。

議員会館前での抗議活動には、長年外国人の人権問題に取り組む団体から、初めてこうした活動に参加する学生たちまで、世代を超えて連日多くの人々が思い思いのプラカードを手に集った。ある時は、高校生自身がスタンディングを企画したこともあった。様々な分野の文化人も記者会見に参加し、人権問題としてこの法案の問題点を訴えた。

エッセイストの小島慶子さんは、2021年4月7日、法案の廃案を求める弁護士、支援団体、難民申請をしている当事者が開いた記者会見に賛同人として参加し、こう語った。

「私は友人に難民や在留資格を失った人はいませんでした。でも、これは〝いじめ〟だと思ったんです。仲間ではない人は死んでいい、ということがまかり通ってはいけないですよね。国が法律を使って、仲間じゃない人は死んでもいいという仕組みを作っているとしたら、そんな国で安心して暮らせるでしょうか。誰が仲間か、国の裁量ひとつで決まるんです。人の命には同じ価値があります。死んでいい人はいないんです」

徐々に報道も増え、法務委員会では連日のようにこの問題が鋭く追及されるようになった。議員会館前のシットイン会場からのスピーチは、コロナ禍で窓を開けながら審議をしていた法務委員会の議員たちの耳にも届いていたようだ。廃案の知らせがそのシットインの現場にも届いた時、難民申請中だった女性たちは跳び上がり、手を叩き、支援者と抱き合って喜んだという。

廃案の背景には、2021年7月の都議選や、秋に控えていた衆院選を見越し、激しくやり合うことを避けたいという思惑もあったのかもしれない。それでも、声の輪の広がりなしに、見送りには漕《こ》ぎつけられなかっただろう。抗議活動に集った高校生は、「私たちは届く声を持っている」と語っていた。諦めるにはまだ早すぎる、諦めている場合ではないと、私も気持ちを新たにした動きだった。

私たちが問われている

こうした抗議の広がりのきっかけのひとつとなったのが、やはり2021年3月のウィシュマさんの事件と、その後の報道だっただろう。「こんなことが起きているなんて知らなかった」という声が、私の元にも多く寄せられた。人が亡くならなければ、そして遺族が勇気を出して顔を出さなければ変わらないのだろうか、というもどかしさも抱くが、大切なのは「知った後」に、どんな行動を持ち寄れるかだろう。

入管法の政府案が見送られたことは、決して「ゴール」ではない。ウィシュマさんが命を奪われた収容体制は依然として存在している。まっとうな検証なくして再発防止などありえないだろう。2021年7月には「ウィシュマさん死亡事件の真相究明を求める学生・市民の会」が立ち上がり、ビデオや解剖所見などの重要文書の開示、そして再発防止の徹底を求め、オンライン署名活動を開始。呼びかけ団体のメンバーが、次女のワヨミさんや賛同する文化人と共に会見を開いた。

上智大学4年生（当時）の川村ひなのさんはウィシュマさんの事件について、「在留資格がないなら外国人は死んでもいいという人種差別から起きたものではないでしょうか」と指摘する。

「私は2種類の怒りを感じています。ひとつは、ウィシュマさんやたくさんの人々を差別して殺した、日本政府、入管に対してのものです。もうひとつは、この問題について無関心でいることができる、できていた自分自身に対してのものです」

この言葉はぐさりと刺さった。入管の実態を許してきてしまったのは、これまで内部で何が起きているのか、十分に関心を払ってこなかった私自身にも責任があるのだ。

この会見に登壇した小説家の星野智幸さんも、入管のあり方について強く疑問を投げかけた。

「いつから入管は、人が生きてよいかどうかを決める組織になったのでしょうか。〝生きる権利のない人〟は、積極的に排除して死に追いやってよいというような権限を、入管はいつ手にしたつもりでいるのでしょうか。そんな人たちの言い分を信用できるでしょうか。入管は正直になること以外、組織として立ち直る道はないと思っています。これはもう国籍や在留許可の問題ではなく、命が危なくて助けを求めている人を死に追いやった、そういう事態を社会が許すのか、という問題だと思います」

ビデオ全面開示と再発防止徹底を求める署名５万88筆を提出した「ウィシュマさん死亡事件の真相究明を求める学生・市民の会」メンバーと遺族。この後署名はさらに増え、９万3148筆集まった＝2021年８月

その後集まった9万3148筆の署名を、入管側の責任者はどう受け止めているだろうか。

2022年3月4日、ウィシュマさんの命日を前に、遺族はついに、国を相手に提訴に踏み切った。「私はこの1年近く、警察や国会に出向き、総理大臣にも手紙を出してきました。けれども誰も、責任と向き合おうとせず、時間を無駄にされてきました。姉は死ぬために日本に来たのではなく、生きるために来たんです」。提訴後の会見で、裁判に踏み切らざるを得なかった心境を、ポールニマさんはいつも以上に憤りを込めて語った。

児玉晃一弁護士もこう続けた。「入管内の医療は、収容や送還に耐えられる程度のものが求められ、完治を目的としていません。収容を送還のための手段としているからであって、治って外に出られては困るからでしょう。まともな医師なら、ここでの仕事は続かないのではないでしょうか」。これから法廷での真相究明も続くことになる。

〈君は生きがいを感じていますか〉――ウィシュマさんが黄色いマーカーで線を引いた辞書の例文を、改めて思い返す。その下には「生きる価値がある」「いかに生きるべきか」といった言葉が連なっていた。雨風をしのげる場所さえあれば、人は人らしく生きられるわけではないことを、入管収容の実態が如実に示している。

駒井知会弁護士が以前、「困難な立場にある方々を人間扱いしない社会は、実は誰も人間扱いしていないのだと思う」と語っていた。

あの密閉された空間から、これまでは叫んでもかき消されてきた声が今、少しずつこの社会に届きつつある。その声にどう、私たちが応答するかが問われている。

第4章

「悪意なき差別」の暴走

コロナ禍で露見した差別

日常にあふれる〝非常時ヘイト〟

菜津紀　最近は日本社会における外国人の人権や差別の問題、さらには移民政策などの取材を続けています。浩一さんとはそうした現場で顔を合わせることも多くなりましたね。

浩一　特に2021年は入管法改悪の動きに翻弄《ほんろう》されましたし、入管収容施設でスリランカ人女性のウィシュマ・サンダマリさんが亡くなるといった事件もありました。いや、死を強いられた、といってもおかしくはない事件だったと思います。それらの取材現場で、菜津紀さんはいつも最前線に立っていました。

菜津紀　外国人に関係する様々な政策のあり方は、日本社会の成熟度を示す、ある意味での〝尺度〟のようなものかもしれません。加えて、この数年はコロナ禍という状況が続いています。私たちにとっては取材を難しくさせる部分もあったとは思うのですが、日本で暮らす外国人が抱えている困難が、如実に映し出されてきたのではないでしょうか。

浩一　非常時には様々な差別や偏見があぶり出されますからね。自然災害も、疫病も、社会の最も脆弱《ぜいじゃく》な部分を見せつけます。ふだんは視界に入ることのなかった日本社会の醜悪《しゅうあく》な姿が、各所で顔をのぞかせる。

菜津紀　しかも、よりわかりやすい形で見えてきますよね。平時であれば間違いなく〝アウト〟な行為や言葉が、非常時であるがゆえに正当化されてしまう。

最初に感染が拡大した2020年春に、私もたまに利用していた地元のラーメン屋さんが、突然「ジャパニーズ　オンリー」の貼り紙を店頭に掲げました。自分の生活空間でこうした言葉を目の当たりにすると、ものすごくショックを受けますね。これ、〝平時〟であれば当然、大問題となっているはずの文言です。いや、平時じゃなくても問題なんですが……。

浩一　ええ、厳然たるヘイトスピーチです。どんな状況下でも許されるものではありませんよね。

菜津紀　だけれど非常時だから、感染対策だから、という〝理屈〟が貼り紙から透けて見えてきます。

浩一　街中でそうした〝非常時ヘイト〟ともいうべき文言があふれましたよね。僕も同じような風景を幾度も目にしました。例えば、僕がこれまで打ち合わせなどでたまに利用していた新宿の喫茶店。チェーン店のカフェとは違う落ち着いた雰囲気が好きだったのですが、ある日、臨時休業を知らせる貼り紙が掲げられました。〈武漢風邪で……暫くお休みします〉――人口に膾炙《かいしゃ》したわけでもない「武漢風邪」なる言葉を、あえて用いているところが、たまらなく嫌

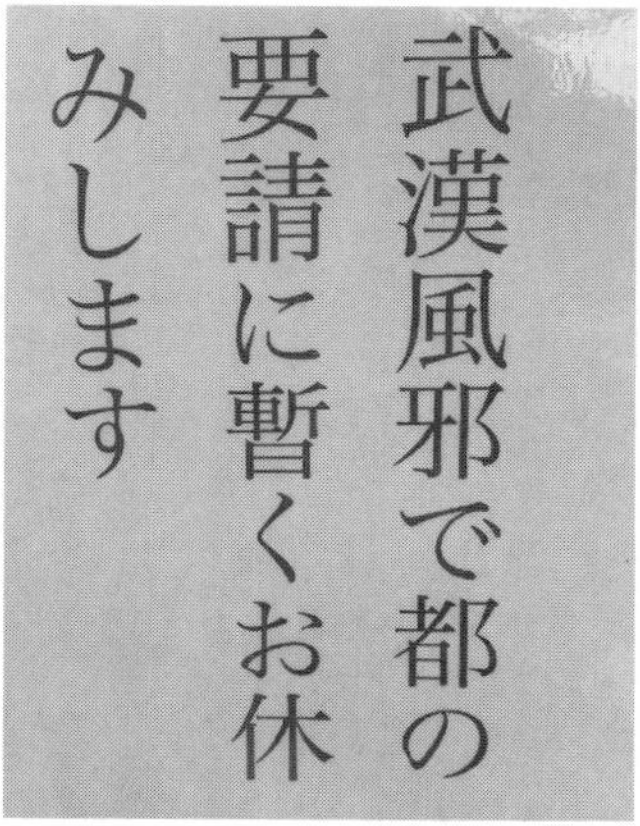

喫茶店に貼り出された「武漢風邪」の貼り紙＝2020年３月、安田浩一撮影

でした。気持ちが妙にザラつきました。

菜津紀　わざわざ「武漢風邪」としなければならない理由は本来ないはずです。そもそも、世界保健機関（ＷＨＯ）ではウイルスの呼称に地名などを付けることは避けるといったガイドラインを定めています。

浩一　特定地域や民族に対する攻撃、差別や偏見の助長を防ぐことが目的です。また、疾患名が疾患に対する理解をミスリードすることだってある。地名を用いることで、感染地域が限定的なものだと誤解される可能性も否定できません。

菜津紀　こうした物言いは飲食店などに限定されたわけでもありませんでした。

浩一　政治家の口から発せられることもありましたからね。

菜津紀　２０２０年の参院財政金融委員会では、当時の麻生太郎財務相が「新型とか付いているが、『武漢ウイルス』が正確な名前なんだと思う」と発言しています。他にも「武漢ウイルス」を呼称する国会議員や著名人が相次ぎました。

浩一　これらが主に保守派を自任する人々、あるいは排外主義的な傾向の強い人々の口から発せられているところに、医学とは無関係な文脈が透けて見えてきます。

菜津紀　「反中国」だったり。いや、それ以前に、ゼノフォビア（外国人嫌悪）の感情だったり。いずれにせよ「武漢風邪」などという言葉の選び方は、医学的見地とは無縁のものであることは明白ですね。感染対策ではなく、排除、排斥の思想と直結してしまうものです。

浩一　僕が取材した範囲でいえば「中国人お断り」を掲げた飲食店なども少なくありません。

菜津紀　中国人が経営する飲食店に「出ていけ」と書かれた脅迫状が送り付けられるといった事件もありましたね。

浩一　横浜の中華街では、複数のレストランが被害に遭っています。結局、政府も行政も、このような動きになんらメッセージを発しないんですよ。見て見ぬふり。いや、見てないのかな。気にもしていないとしか思えない。

菜津紀　積極的に差別を煽《あお》っているのではないかと言わざるを得ない事例もありましたね。さいたま市では、市内の幼稚園や保育所にマスクを配布すると発表しながら、朝鮮学校の幼稚部をその対象から外してしまったことがありました。

浩一　各方面から批判を受けて、結局は後日、配布を決めるに至りましたが、市は謝罪したわけではなく……。

菜津紀　結果的に配布したのだから問題ないでしょう、といった対応でしたが、最終的にその「結果」に着地すればいい、というわけではありません。

浩一　そう、いっときであっても深刻な差別に加担したこと、それによって子どもたちを傷つけたことに、市は会見でも何ひとつ言及していません。

菜津紀　現実に、市の行為が差別を煽ったわけですよね。朝鮮学校バッシングに勢いを与えたともいえます。その反省や検証する姿勢がまるで見えないまま、うやむやにされてしまったように思います。

浩一　この件は僕も取材しましたが、当該校の先生は嘆いていました。悔しいのはマスクが手に入らなかったことではなく、命の線引きをされたことなのだと。これは深刻な問題です。コロナ禍にあっては差別もやむを得ない、朝鮮学校には何もしなくてもいい、そんな風潮に行政が加担したのですからね。

菜津紀　行政が最優先すべきは、地域の人々の命を守ることですよね。どんな意図があったにせよ、朝鮮学校に通う子どもたちをマスク配布から除外した事実は、まさに命の軽視だと思います。同校の先生が「線引き」されたことを悲しむのは当然です。そして、行政の対応はまさに差別にお墨付きを与えるようなものになっていました。

浩一　そこなんですよ。先ほど言ったように、さいたま市は批判を受けて朝鮮学校へのマスク配布を決めたわけですが、そのことが報じられてから、学校側には嫌がらせの電話やメール、ネットへの書き込みが相次ぎました。「マスクを求めるなど厚かましい」「国に帰ればよいじゃないか」。そうした電話が鳴りっぱなしでした。ヘイト攻撃が加えられることにもなったのです。すっかり日本に定着してしまった〝ヘイトの風景〟ですけれど、ほんと、胸クソ悪い。というか許せません。まさに行政「お墨付き」の差別が、レイシストを勢いづかせているのです。

行政による外国人の〝選別〟

菜津紀　こうしたことは朝鮮学校に限定された話ではありません。自然災害や疫病などの非常時で、外国人はより苦しい立場に追い込まれがちです。本来、そこを先回りして救済、支援するのが行政の役割でもあるはずです。

浩一　まさにそう。これは海外滞在中の自分自身を想像してみればわかることだけれど、非常時、緊急時に際し、頼るべき人を持たないことの困難さは、外国人ほど大きいはずです。言い方を変えれば、最も命が危険にさらされるのが外国人。課せられた使命を考えれば、行政は差別、選別をしている余裕などあってはいけない。

菜津紀　東日本大震災の被災地を取材した時にも同じことを考えました。例えば私の親族が暮らしていた岩手県の陸前高田市やその周辺の自治体。若い女性が少ないことから、いわゆる

〝農村花嫁〟として来日した外国人女性の姿が目立つ地域でもあります。震災時、彼女たちは本当に心細い思いをしたと思います。なかには配偶者を津波で亡くしてしまった人もいました。夫を亡くし、幼い子どもを抱えて、どうしてよいのかわからず、途方に暮れているフィリピン人女性もいました。なんとかして支援の情報を得ようとするのですが、来日して日が浅いので、ご本人はほとんどタガログ語しか話すことができない。だから避難所の掲示板を見ても、日本語表記しかないところでは、何が書いてあるのかわからない。

浩一　地域にどれだけ外国人、あるいは海外にルーツを持つ人がいても、そのための配慮なんて準備されていませんからね。

菜津紀　余裕のない非常時に、そうした方々への情報共有の仕組みが急につくれるわけではありません。だからこそ、平時にそうした体制を整えていくことが大切ですよね。外国ルーツの人、外国籍市民だけではなく、外からたまたま観光や仕事などで訪れている外国人も、不測の事態に巻き込まれてしまう可能性があります。日本は災害大国で、毎年必ずどこかで地震や台風などの自然災害が起こるわけですよね。何かあった時にどこに避難すべきか、外国人はどこにアクセスすれば情報を得られるのか、誰が助けてくれるのか、その周知は自治体によっても格差があります。

これまで取材で訪れた被災地で、実際に避難路を歩いて自分たちなりの検証をしてみているのですが、同じ岩手県内でも、避難の看板に英語が併記されている自治体と、そうではないところがあります。非常時に外国人が孤立しないような、せめてその態勢だけはどこの地域でも整備しなければならないはずですよね。

浩一　まったく同感です。日本ではどこの地方自治体でも、外国人支援は〝余技《よぎ》〟に近い位置づけですからね。

韓国の外国人政策

浩一　僕は数年前、韓国で行政の外国人支援について取材したことがあります。韓国の外国人政策がすべてにおいて素晴らしいなどと言うつもりはないのですが、それでも日本が見習うべき点も少なくなかったように思います。

首都ソウルの中心部には、在韓外国人の日常生活を支援する「グローバルセンター」と名づけられたビルがありました。ここは外国人が韓国人と変わりなく生活できるよう支援するのが目的で、様々な生活相談に、あらゆる言語で応対してくれます。もちろん日本語での相談も問題ありません。携帯電話の契約、クレジットカードの発行、ビザの延長などはもちろんのこと、離婚や借金トラブルなどの相談も受け付けています。無料で使えるPCなども設置されていて、特に相談がなくとも、ふらっと立ち寄る外国人も少なくありません。

ソウル市内にはさらに外国人の労働問題に特化した労働相談センター、家族問題専門の多文化家族支援センターなどが、各所に設置されています。もちろんソウルだけではありません。多文化家族支援センターは、韓国全土に約200カ所。

菜津紀　きめ細かく配置されているんですね。外国人にとっての心配事や困り事を相談できる「受け皿」って、やはり大事です。

浩一　ニーズに応える機能をすべての施設が有しているかどうかはさらに検証が必要ですが、それでも菜津紀さんが言われた「受け皿」の存在は大きいと思うんです。

菜津紀　日本の地方部では特に、対応が進んでいない地域も多いですよね。東日本大震災の時も、その後起きてしまった自然災害でも、避難場所や避難指示がわからずに、けがをしたり、逃げ遅れて亡くなった外国人技能実習生もいました。

浩一　せめて行政が外国人支援の形だけでも整えれば、当初は不十分なところがあっても、徐々に整備が進むってこともありますからね。しかも、行政の姿勢は民間にも反映されていきます。

韓国で外国人支援を取材した際、もうひとつ、変わった光景を目にしました。ソウルの大学路《テハンノ》という街を訪ねたんです。小劇場などが多く、芸術の街として知られています。ちょうど日曜日だったのですが、歩道にカラフルな屋台がずらっと並んでいる。そのすべてが、フィリピン人によるものだったんですね。売られているのもフィリピンから輸入した食材や料理、日用品です。当然、お客さんのほとんどもフィリピン人。聞いてみますと、週末限定でフィリピンの〝市〟が開かれるそうなのです。情報交換などもかねて、各地から多くの在韓フィリピン人が集まるんです。サテと呼ばれる焼き鳥なんかを食べながら、僕もフィリピン気分を楽しんだのですが、もうひとつ、驚いたことがありました。

大学路の駅近くに韓国の大手銀行が支店を出しているのですが、日曜日であるにもかかわらず、窓口を開けて営業しているんですよ。しかも、英語やタガログ語のできる行員をそこに配置しているんです。

後で聞いてみますと、こんな答えが返ってきました。「外国人労働者は週末しか銀行に行くことができませんよね」。なるほど、確かにそうだ。工場などの現業労働者が多いフィリピン人は、平日に仕事を抜け出して銀行に足を運ぶことは難しい。ＡＴＭからの引き出しはともかく、口座開設や送金依頼、融資の相談などは時間に余裕がなければできません。だから平日に銀行へ行くことのできない外国人労働者に向けて、週末にも窓口を開けているというのです。もちろん銀行としては商売として成立するからこその休日営業なのでしょうけれど、結果として大学路に集まるフィリピン人は助かっているわけです。そこに社会の成熟度のようなものを見たような気がしました。

菜津紀　行政が受け皿を設けて外国人の生活支援に乗り出せば、民間もそこについていこうという流れにもつながりますよね。国や行政の取り組みというのは、そうした効果を生み出していく。日本でもこのような回路は必要だと思います。

浩一　日本で生活する外国籍市民は約300万人。すでに大阪市の人口を超えています。こうした人々の存在を無視することなどできないはずです。

菜津紀　今のお話を聞くと、日本と同様、多国籍化が進む韓国では少なくとも、そうした〝意識〟の点では、一歩先を進んでいるようにも思います。もちろん韓国だって問題がないわけではありませんが。

浩一　外国人に対する差別や、雇用における格差など、いまだ日本と同じような問題を抱えているのも事実です。

〝日本モデル〟への批判

菜津紀　つい数年前、韓国を代表するリゾート地の済州島《チェジュ》で、イエメンからの難民申請者が急増したことがありました。観光客誘致を目的として、済州島では約200カ国の人々に、30日以内のビザなし滞在を認めたことが端緒となったのですが、それによってイエメンからの渡航者が増えていったんですね。母国の紛争を逃れて渡航した人が多かったものですから、所持金もなく、島内で野宿せざるを得ない人もいました。それに対して地元住民の一部からは、「出ていけ」という声があがってしまった。前述した「受け皿」があっても、住民の意識がまだ追いついていない現状があることも事実です。

浩一　アジア、アフリカ出身の移住労働者が差別される構図も、日本と似ていますね。

菜津紀　私は2019年に韓国を訪ねた際、コンゴ民主共和国から来た難民の方々や、難民支援している人にインタビューしたんです。その時にあらためて感じたのですが、もともと韓国における難民受け入れの仕組みって、日本をモデルにしてきたんですよね。難民認定率は低いし、手続きも煩雑《はんざつ》。悪《あ》しき日本モデルがそのまま採用されていたように思うんです。ところが、国内の人権団体などから、そうした政策に対する批判が出たことによって、改善の動きも出てくる。2012年には、アジア地域では初めてともいえる〝難民法〟がつくられます。つまり、管理よりも受け入れを前提とした法律ですね。

例えば難民審査の際、どこの国でも面接審査が重視されるわけですが、「難民申請者の要請がある場合、同性の公務員が面接をしなければならない」とする項目があります。日本では法務省が内部規則として定めたものの中に、「申請者が女性の場合は、可能な限り女性の難民調査官に担当させる」とありますが、あくまでも出来る限りの「配慮」であって、申請者に選択権があるようには書かれていません。そして性被害などのトラウマを背負っているのは、女性だけとは限らないですよね。

他にも、韓国の難民法には、申請者の要請があれば、当局は録音や録画を拒否してはならない、といった項目もあります。

浩一　刑事事件における取り調べの可視化と同じですよね。言った、言わないのトラブルを防ぐだけでなく、人権擁護の観点からも、当局側の悪意ある取り調べをチェックする役割を果たすのに効果的です。

菜津紀　本来、当たり前のことですよね。しかし、日本はこれすらできていません。日本の入管庁にも問い合わせてみました。当事者の方に断りなく録音している可能性はありますが、予想通り「録音録画はしていない」との返答でした。

浩一　裁判で証拠保全が認められない限り、録音録画の事実を明かさないですからね。入管庁も、あるいは警察なども。

菜津紀　調書を作成して、最後に相手側に確認するからいいだろうって。それが入管庁担当者の答えでした。調べる側と調べられる側という力関係、あるいは外国人という立場の違いから考えても、そこに公正で公平なやりとりがあるとは思えません。やはり圧倒的に、インタビューを受ける側が不利なんですよ。

浩一　だからこそ可視化は大事なんですよね。

菜津紀　韓国はそこを一歩、前に進めた。少なくともそこは改善しましょうと、難民申請者の側に立った改革をおこなったわけです。

もちろんまだまだ不十分な点はあると思います。先述した済州島の件もそうですし、法律を整備しても、人々の意識がすぐに変わるわけでもない。だから日本と韓国のどちらが優れているのか、といったことを言いたいわけでもありません。ただ、試行錯誤しながらも、枠組みを常に変えていく努力は必要だと思うんですね。

浩一　政策決定のプロセスや人口の違いなどもありますが、そうした意味においては、韓国のほうが臨機応変に長《た》けた印象はありますね。こと、外国人の人権政策については。

差別を煽る政治家たち

菜津紀　日韓は同じようなスピードで社会の多国籍化が進んでいますし、共通の課題も多いと思います。だから本当は互いに学びあう姿勢も必要かとは思うのですが、日本の難民認定率の低さについて言及すると、韓国も同じようなものだろうといった反応が返ってくる。であるならばなおさら、欠点を克服すべく共に学ぶことこそ大事なんですけどね。

浩一　そうですよね。技能実習制度に関しても、これは日本が始めたものですが、後に韓国も「産業研修制度」なる名称の制度を導入しました。期限つきで外国人の安価な労働力を生産現場に投入するといった仕組みは、日本のそれとまったく同じです。当然ながら、同じようなトラブルも多発します。

菜津紀　低賃金重労働。差別と偏見。パワハラ、セクハラ。外国人を生活や人権の主体ではなく、安価な労働力としか考えていない制度ですから、同じようなトラブルが起きてしまうわけですよね。

浩一　そうしたなか、1995年にネパール人研修生が雇用・労働環境の改善を訴えてソウルの明洞《ミョンドン》聖堂に籠城《ろうじょう》するといった事件が起きました。「私たちは人間です」という研修生たちの切実なメッセージは韓国社会に衝撃を与え、制度の見直しにつながっていきます。今世紀に入って「産業研修制度」は撤廃され、現在は国が受け入れ窓口を一本化し、つまりは民間のブローカーを排除して、転職の自由も認められました。各種社会保険への加入も義務化されています。それでも一部では劣悪な雇用環境が問題視されていますし、人権といった観点からすれば韓国の外国人労働者政策も不十分さが指摘されるものです。

とはいえ、問題が起きれば即座に制度を変えていくといった点は、日本とは比較にならない速さを持っています。まさに、菜津紀さんが先ほど指摘した「試行錯誤しながらも、枠組みを常に変えていく努力」。日本はそこが足りないんですよね。

菜津紀　トライ・アンド・エラーを繰り返しながら、中身を整えていくというのが、韓国の政策プロセスの一面なのですね。問題があるのであれば、とりあえず新しい枠組みだけでもつくってしまう。少々乱暴に見えるかもしれませんが、少しも前に進まない、それどころか後退してしまうような日本との違いがその点では際立ちますね。

浩一　内実は後からついてくるというか。まあ、多国籍、多文化だと掛け声だけの国際化よりも、ずっと良いのではないかと思いますけどね。菜津紀さんも韓国で同じような話を聞いたでしょうけれど、同国の人権団体や外国人支援団体の人たちは、それでも「うちの国はまだ遅れている」って言いますよね。

菜津紀　その通りです。特に難民支援の現場では、そうした声が強いように思いました。

浩一　それでも、政府の中に現状を変えていこうとする動きがあることは、うらやましく思います。

菜津紀　政府の姿勢は地方の行政や市民の間で共有される、ある種の社会規範に反映されますからね。やはり、枠組みをつくるのは、それだけでも意味のあることです。

浩一　それができないってのは結局、日本ではまだ外国人が市民の一部なのだという認識が定着していないからだと思うのです。外国人がゲストの範囲であるならば相応のもてなしを受けることもできるのですが、市民としての権利主張をすると、途端に白眼視《はくがんし》される。

よく知られた話ですが、1960年代に法務省の入国参事官が著書で〈(外国人は)煮て食おうと焼いて食おうと自由〉と書いたことがありました。もちろん当時も問題発言とされたわけですが、こうした意識って、いまでも社会の各所で生きているようにも感じます。

菜津紀　多様な人々によって社会が成り立っているのだという認識が、まだまだ足りない。それはつまり、政府や行政が外国人の存在を軽視しているからに他なりません。ですから、様々な差別事件、ヘイトクライムに関しても、政府や行政はほとんど何もメッセージを発しませんよね。間違いなく社会に亀裂を強いるような事件が起きても沈黙しています。

浩一　例えばコロナ禍における外国人差別に、ちゃんと向き合った首長や有力な政治家っていましたっけ？

菜津紀　ほとんどいませんよね。むしろ差別を煽った政治家しか思い出せない。先にも挙げましたが「武漢ウイルス」発言の閣僚とか。

浩一　２０２０年の春だったかな。愛知県がクルーズ船のウイルス感染者を藤田医科大岡崎医療センターに受け入れた際、「外国人に税金を使うな」「中国人を追い返せ」といった抗議電話が相次ぎました。その際、大村秀章知事が強い口調でそうした抗議電話を批判していましたが、思い出せるのはそれくらい。他は概《おおむ》ね、差別を扇動するか、外国人入国の危機を煽るか、そんな感じでしたね。

菜津紀　生活支援の給付金に関して、外国人は対象外であるかのようなミスリードを誘いかねないツイートを書き込んだ自民党政治家もいました。

浩一　自民党の小野田紀美《きみ》参院議員ですね。〈マイナンバーは住民票を持つ外国人も持ってますので、マイナンバー保持＝給付は問題が生じます〉とツイートしました。

菜津紀　給付対象からの外国人排除を訴えた発言としか読み取ることができません。

浩一　真意を聞くため小野田さんの事務所に取材を申し込みましたが、何の返答もありませんでした。

地方の首長でも、コロナに絡めて露骨な差別書き込みをする人がいますよね。21年1月には、総社《そうじゃ》市（岡山県）の片岡聡一市長が、やはりツイッターに〈コロナ禍のこんな時期なのに総社市の人口が過去最大を更新し6万9609人になりました。外国人の増減でなく日本人の転入者が増えています。嬉しいこと〉と書き込んでいます。いったい何が「嬉しい」のか。これを目にした市内に住む外国籍住民はどう思うでしょう。自らが「喜ばれない」存在だと考えてしまう人も少なくないはずです。

菜津紀　コロナ禍にあって外国人人口が増えなかったのは、そもそも入国が困難であったこと、外国人労働者、実習生の解雇、失業が増えたなどの要因も大きいはずです。それは困難を抱えた外国人が増えたことでもあるのだから、地域の首長としては、まず、そこに着目すべきでした。少なくとも外国籍住民がこうしたツイートを目にして、少しも「嬉しい」気持ちにはならないでしょう。

「日本語わかりますか？」

浩一　コロナを理由とした再入国の条件も、日本人と在日外国人の間には大きな差がありました。

菜津紀　現在は緩和されていますが、それでもコロナが問題となってから長きにわたって、在日外国人の再入国はかなり厳しい状況にありました。日本人も在日外国人も、同じように生活の拠点は日本にあるわけです。であるのに、日本国籍を持った日本人は、たとえ生活実態がなくとも入国でき、外国人だけに制限を設けるということじたい、差別的な政策です。

浩一　外国人のみに制限を設ける合理的な理由があるのでしょうかね。

菜津紀　そのことに関して、2020年8月にジャパンタイムズの記者さん、この方は外国ルーツの記者さんですが、当時の茂木《もてぎ》敏充《としみつ》外務大臣に会見で質問しているんです。科学的な根拠があるのかと。それに対する茂木さんの返答が本当にひどかった。質問に真正面から答えることをせず、「日本語わかっていただけますか？」などと見下すような、しかも高圧的な口調で迫ったんですよね。記者に痛いところを突かれたことで、そのような態度を示すしかなかったのかもしれませんが。

浩一　国籍だけで線引きしているという事実を、高圧的な態度でごまかしただけですよね。

菜津紀　野党の政治家だって例外ではありません。21年11月、立憲民主党の早稲田ゆき議員は、オミクロン株による感染拡大を受けて厚生労働省に入国禁止の緊急要請を提出した、といった内容のツイートに続けて、〈在留資格のある外国人の再入国も停止する措置を求めた〉と書き込みました。さすがに、これはないでしょう。

浩一　ない。しかも最大野党の議員にして、これですもんね。

菜津紀　後に批判を受けたこともあり「理解不足だった」ことを理由にツイートを削除しますが、理解が足りないままに在日外国人の入国停止を求めたことじたい問題です。最大野党がそのような姿勢であれば、その妥当性をめぐって、政治の舞台で議論されることがなくなります。非常時だからこそ議論が必要なのに、非常時を理由に人権に制限をかけることに与野党が同調してしまえば、困難な状況に置かれた人たちの姿が見えなくなります。

その後12月に、WHO緊急対応チーム長のマイケル・ライアン氏が、日本の外国人新規入国禁止措置について「疫学的に原則を理解し難い」「ウイルスは国籍や滞在許可証を見るのではない」と批判しています。

浩一　その「理解不足」による被害の深刻さは理解されているのだろうか。与野党の議論を見ていても、あるいは早稲田議員の謝罪文を再読しても、そのあたりがわからない。というか、とんでもないことをしてしまったのだという思いが伝わってきません。差別を扇動していることに何の自覚もない、もちろん謝罪もしない大臣に比べれば、わずかにマシだとは思いますが。

菜津紀　要するに自分自身が人々を国籍で選別したという問題に無自覚なんですよね。

浩一　レイシズムというのは、レイシストのワッペンをつけたわかりやすい人たちだけのものではなく、時に自称リベラルな人たちも含めた〝平場〟から顔をのぞかせることもありますからね。

菜津紀　そうであるからこそ、政治家も行政も、差別をきちんと食い止めるようなメッセージの発信が求められる。後にも触れますけれど、京都のウトロ地区における放火事件に関しても、ヘイトクライムであることが判明しても、ほとんどの政治家は明確なメッセージを出していません。地元首長も同様でした。法務大臣会見でこの事件について質問してみると、「個別の事案にお答えは差し控える」という、いつもの〝決まり文句〟が返ってくるだけでした。個別の事案に応答せずに、どう差別のない社会を実現するのでしょうか。

浩一　国民の命を守る、地域住民の安全を守る、などと日ごろは勇ましいことを口にしている政治家が、ヘイトクライムに沈黙することじたい、許されないと思います。そうした姿勢であるから、コロナ禍が引き起こした差別にも鈍感でいることができたのでしょう。

差別と暴力の「入管」の実態

「国の玄関」での高圧的態度

菜津紀　２０２1年10月、スリランカに行ってきました。名古屋の入管収容施設で亡くなったウィシュマさんの親族を取材するためです。その時のことは本書3章でも述べましたが、いま、ここで話題にしたいのは帰国時の出来事。

帰国便が到着しても、すんなり日本に入国できたわけではありませんでした。この時期ですから当然、防疫上、様々な手続きがあります。飛行機から降りると、椅子がずらっと並んだ廊下みたいな空間に誘導されました。パーテーションで区切られたその空間に並んで座らされて、ひとりひとり、分厚い書類を渡されるんです。

浩一　何の書類ですか?

菜津紀　日本滞在中の行動に関する同意書などですね。そこに記された注意事項などをチェックしたうえで、いろいろと記入しなければなりません。私に手渡されたものはすべて英語でした。ですが、特に記入例が添えられているわけでもなく、口頭では何の説明もなく、ただ機械的に配布され、機械的に回収されていくわけです。当然、記入の仕方が理解できず、まごついてしまう方もいます。その多くは日本語話者ではない外国人でしたが、その時は周囲にいた職員さんたちが、特段の配慮を示さなかったんですよ。しばらくしてから書類を前にして戸惑っている人たちに「わかりますか?」と話しかけるだけ。日本語が理解できない方であれば、その聞き方でわかるはずがないですよね。

するど、職員さんも苛立《いらだ》っているのか、だんだんと態度が高圧的になっていく様子が見て取れました。「わかる?」といった感じのタメ口で応答するんです。あるいはわかりやすい言葉を用いようとしたのかもしれませんが、聞き取る側が日本語話者でなければ、そもそも敬語だろうがタメ口だろうが、意味を理解することは難しいですよね。

問題は、ここが空港だということ。

浩一　まさに国の玄関ですよね。

菜津紀　そうなんです。コロナ感染の危険もありますから、ふだんとは違った状況にあることは私も理解できますが、やはり、飛行機を降りて最初の対応がこれなのかと、そうした光景を目の当たりにすると複雑な思いがこみ上げてくるんです。

浩一　日本語話者ではない人々、この場合ですと日本に到着したばかりの外国人からすれば、心細いばかりですよね。

菜津紀　その場で個人情報も提供するわけですし、ものすごくデリケートなやりとりをしているんです。この後、コロナ対策の名目で、自分の居場所も管理される。様々な緊張を強いられる場面です。そこに日本語話者しかいない、しかも極めて不親切な印象を与えてしまう応対しかできないということが、日本の玄関として正しいあり方なのかは疑問です。だって、外国人が来るっていうことが最初からわかっている場所ですよね。

私、その時、ふと思い出したことがあったんです。21年の5月、ウィシュマさんの葬儀が名古屋でありましたよね。その葬儀の翌日です。ウィシュマさんの妹さん、弁護士など関係者と一緒に名古屋入管に行きました。入管の担当者にウィシュマさんの死因などについての説明や、ビデオ開示などを求めるためです。関係者の皆さんが入管側と面談している間、私は1階のロビーで待っていたのですが、その間、気になって仕方ないことがありました。窓口の順番が回ってきたことを知らせる館内のアナウンスが、すべて日本語なんですよ。

浩一　僕もそれはいつも気になっていました。「何番の方、受付まで来てください」というアナウンスですよね。

菜津紀　そうです。しかも音割れして聞き取りにくかった。日本語話者の私でさえ聞き取りにくいアナウンスが、そうではない方々に伝わるとは思えません。空港もそうだし、入管も、間違いなく外国籍の人たちが来る施設だということが最初からわかっているはずの施設ですよね。

せめて英語でのアナウンスはできないんだろうかって思いました。なんというか、ここは日本なんだからそのくらい理解しろよ、という感じの傲慢《ごうまん》さを感じるんですよね。

「誰か、アレをなんとかしろよ」

浩一　入管施設に関して言えば、同じ時期に僕もすごく憤慨したことがあります。ウィシュマさんが亡くなって2週間くらい経った時でした。やはり僕も名古屋入管に取材に出向いたのですが、その際、たまたま仮放免中の外国籍女性も一緒だったんです。収容経験を持っているだけに、ウィシュマさんを追悼する目的もあったのでしょう。彼女、施設の中で号泣したんです。なぜこんな場所で亡くなってしまったのか、なぜ職員は助けてくれなかったのかと嘆きながら。

そこへ入管の男性職員が通りかかった。泣いている彼女をちらと横目で見た後、「うるせえなあ、誰か、アレをなんとかしろよ」と他の職員に怒鳴ったんですよ。愕然《がくぜん》としました。言葉遣いとか、礼儀とかそんな問題よりも、外国人に対する向き合い方そのもの。だって、日本人に対しては、さすがに「アレ」なんて言わないでしょう。

菜津紀　言いませんよね。相手が外国人だからこそ、そうした対応をしたと思わざるを得ません。

浩一　まさに菜津紀さんが指摘した傲慢さの表れだと思うんですね。もちろんその場にいた人たち皆で、その言い方はないだろうと抗議したら、別の若い女性の職員が出てきて形だけの謝罪はしたのですが、それもまた、日本的というかなんというか。

菜津紀 不利な場面で、若い女性を前面に押し出す、というのは残念ながら既視《きし》感のある光景ですね。

浩一 そうなんですよ。怒鳴った本人は事務所の中に逃げ込んで出てこないのですから。ただ、一連の流れを見て、変に納得してしまったんです。大声で怒鳴ったり、抗議されたら部下の女性に謝罪を任せたり、これが入管の最前線の姿なんだなあと。傲慢さと一緒に、差別と偏見、無責任体質が透けて見えます。これじゃ、人も死にますよ。

施設の被収容者は、常にこうした場面を目にしているはずだし、その環境の中で毎日を過ごしているわけですよね。僕や菜津紀さんが目にした光景など、そのうちの一瞬にすぎない。日常的に「アレ」扱いされているわけです。それがまかり通っているのが入管という場所なのだと思いました。

菜津紀 本当にそうですね。私も名古屋入管の被収容者の方から、過酷《かこく》な環境についてお話を聞きました。ウィシュマさんとほぼ同時期に収容されていたアフリカ出身の女性です。やはり出身国とは気候も違いますから、冬は寒くて仕方ないのだそうです。机や椅子の金属部分が氷のように冷たくなっている。そんな部屋で過ごさなければならず、当然、部屋が寒いからどうにかしてほしいと職員に懇願するわけですが、「決められた温度だから」とまるで取り合ってくれない。それどころか、話しかけても無視されることも多いのだと。

浩一　入管職員の少なくない人たちは、被収容者を犯罪者扱いしていますからね。そもそも要望なんて受け付けない。

菜津紀　ですから、その女性は「自分の心を殺されたくないから」と、もうとにかく何も考えない、あらゆる思考を放棄したのだそうです。そうしなければ生き残っていけないと感じたのですね。悲しい選択です。ただ時間の流れに身を任せて、死んだように生きていく。それは生き残るための知恵のひとつでもあったのかもしれませんが、当然、気力を失《な》くしていくわけです。それは自分が人間であることを忘れなければならない、そのための作業なのですから。

浩一　入管施設が、人をゆっくりと死に近づけていくための施設であることがよくわかります。生きていくことを放棄させるための場所。人権なんて概念は、収容施設の門前で霧消《むしょう》します。

菜津紀　その女性、ウィシュマさんのことも知っていました。最後にウィシュマさんの姿を目にした時、すでに相当に衰弱していたと話していました。ウィシュマさん、車椅子に乗せられて浴室に運ばれてきたそうです。5人がかりで介助されてシャワーを利用したそうですが、やはり手足を動かすたびに、うめき声とか悲鳴を上げるんですって。

その頃、ウィシュマさんの支援者は、外部病院への入院などを入管側に申し入れていましたよね。しかし入管側は「問題ない」からと、そうした要望を黙殺しました。「そんなに心配なら来週来て。元気になってるから」と、追い返されてしまったこともあると、ある支援者は教えてくれました。

浩一　被収容者を〝犯罪者〟扱いするのですから、支援者もまた同じ類いの人たちだろうと、そんな認識を持った職員もいるのだと思います。けっして珍しくはない対応ですよね。

菜津紀　ちなみにその支援者の女性、ウィシュマさんが亡くなった直後、施設内の階段の踊り場で、若い女性職員が肩を抱き合ってすすり泣く姿を見たそうなんです。それはウィシュマさんの死による悲しみだったのか、確証はないのですが、タイミングからしてその可能性は強いのではとも思います。

組織によって奪われる人間性

菜津紀　入管って、特に〝性格の悪い人〟が集まって組織されたわけでもないと思うんです。ごくごく〝普通〟の人たちが働き、ごくごく〝普通〟の人たちがああいう振る舞いをしていくんですよね。結局、組織が人間性を奪っていく。非人間的であることを強いていく。

浩一　本当にその通りですよね。僕は入管を〝悪の組織〟のように思っている部分もあるし、実際、現状の入管は一度解体したほうがいいとも思っているのですが、それでも悪人だけを集めた組織だとは考えていません。取材や面会で入管職員と向き合う機会はあるけれど、やはり総じてみんなが冷たくてひどく横柄《おうへい》な人々ってわけじゃないんですね。入管施設では取材者であることを名乗ると面会に制限をかけられることもありますが、一部の入管施設は取材であるとわかったうえで、特に制限なく面会を許可しています。職員の対応も、少なくとも外部の人間に対しては、一般の役所程度には親切なところもありますね。

それでも被収容者から〝評判の良い入管〟なんて話は聞いたことがありません。名古屋入管に限らず、各地の入管収容施設でけっして少なくない外国人が亡くなっています。ウィシュマさんが味わったであろう苦痛や絶望は、多くの被収容者にとって共通の体験です。虐待も暴行もあります。

菜津紀　そもそも在留資格を持たないだけで長期収容を可能とすることじたいが、一種の虐待ともいえるでしょうね。

浩一　入管職員から人間性を奪い取り、被収容者を人間扱いしない政策というものが、まずは問題なんですよね。結局、日本には外国人の生命や尊厳のために機能する外国人政策というものは存在しない。存在するのは外国人を異端とみなし、管理・監視し、そして排除を目的とした政策でしかありません。

菜津紀　政策が人をつくる。そして、ごく等身大で生きていたはずの人たちの尊厳を奪う。時に生きる気力までをも奪い取る。入管だけが問題なのではなく、そうした環境を生み出す社会の問題としてとらえることも必要です。入管の責任は重いですが、外国人排除の回路そのものを断ち切る必要がありますね。

浩一　そう、入管職員だって、外国人をいじめたいから、外国人を力で制圧したいから、餓死させたいから、入管に入りましたっていう人は多分いないと思うんですよ。〝悪い外国人〟を何とかしたいって思う人はいるかもしれないけど。

だから、やはり社会の問題です。これまで政府は一貫して外国人を管理と監督、取り締まりの対象としか位置づけてこなかったし、その影響もあって社会には差別と偏見が定着している。入管は、そうした回路の中で生まれ、育ってきたわけです。いわば日本社会の姿を映し出す鏡みたいなものかもしれません。

菜津紀　いまのお話と少しばかり重なることなのですが、2017年、ポーランドにあるアウシュビッツ（収容所跡）を再訪したんです。博物館を回ったり話を聞いたりして、やはり印象に残ったのは、アウシュビッツでユダヤ人をはじめ収容された人々を死に追い込んだ職員たちも、家に帰れば誰かの父親だったり、夫だったり、つまりはごく〝普通〟の生活があった、ということです。そんな人が、同時にユダヤ人をガス室に送り込むこともできてしまう。〝良き家庭人〟と、ジェノサイドが両立できてしまう構造もあるわけです。

アウシュビッツ博物館、正面ゲートに掲げられている「ARBEIT MACHT FREI」（働けば自由になれる）の文字。「B」が逆さまなのは、これを設置させられた労働者のひそかな抵抗だったと見られている＝2017年9月、安田菜津紀撮影

その日はアウシュビッツ博物館で公式ガイドをされている中谷剛さんに案内してもらったのですが、中谷さんがこうお話しになったんです。「ホロコーストはヒトラーが一人で起こしたのではなく〝ユダヤ人は出ていけ〟といった街角のヘイトスピーチから始まりました」と。ユダヤ人に対するジェノサイドは、結局、市民社会の中にある差別、ヘイトスピーチから始まっているんですよね。中谷さんはこう続けました。「いまの日本はヘイトスピーチとホロコーストの間の、どこに立っているか考えてほしい」と。

つまり入管職員だって、「今日も暴行してやろう」と思って仕事に出向いているわけではないと思いたいですし、ましてや虐殺なんてことを考えているわけではないはずですが、社会に構造としての暴力装置がある以上、その先に何があるのか、といったことはしっかり考えないといけません。

浩一　確かにそうですよね。ヘイトクライムは、ある日突然に生まれるわけではありません。暴力装置は差別や偏見を土台にして芽を出し、より醜悪な形に育っていきます。ヘイトスピーチのその先で控えているのは殺戮《さつりく》や戦争ですからね。だから差別は言葉の問題ではなく、命の問題。関東大震災直後の朝鮮人虐殺にしても、人々はパニック状況の中でも朝鮮人を、あるいは朝鮮人だと認識した人を〝選んで〟殺しています。つまり、それまでの日常の中で差別を学んでいるわけですよね。何かあれば殺してもよいのだという意識が刷り込まれていた。差別や偏見を咎《とが》める社会がそこになかったからこそ、それこそ良き家庭人も含めて殺戮の下手人《げしゅにん》となっていくわけです。

菜津紀　ヘイトスピーチは魂の殺人だといわれます。そして人命を奪う動機を支えるものでもあるんですよね。種火は大火につながります。だからこそ日常の中の何気《なにげ》ない言動の中に表れる差別や見下し、侮辱など、いわゆるマイクロアグレッションも、〝よくあること〟だとただ見過ごしてはいけないのだと思います。

入管法〝改悪〟案への抗議

浩一　そうした認識が定着しているとはいえない日本社会ですが、それでも沈黙してはいけないのだと考える人がいま、増えてきたことも事実だと思います。実効性のある差別禁止法やヘイトスピーチ規制を積極的に求める声も強くなりましたし、21年は入管法の〝改悪〟案に関して、多くの人が抗議の声をあげました。

菜津紀　確かにひどい中身でした。一定の回数以上、難民申請をした人が送還の対象になり得てしまったり、国外退去に従わない人に刑事罰を適用するなど、極めて排他的、非人道的なものです。改めるべきは期限に定めのない長期収容や、ゼロに等しい難民認定率のはずですが、そこはまったく手つかずのまま。入管の権限を強化するだけの、改悪案そのものでした。

浩一　法の運用で非正規滞在の外国人を「犯罪者」に仕立てるものでしたね。人権保障どころか入管の〝焼け太り〟に過ぎない。しかし、なんでこんなめちゃくちゃな法案を、しかもその頃レイムダックに等しかった菅義偉《すがよしひで》政権がわざわざ国会に提出したのでしょう。本当に疑問です。

菜津紀　入管問題に取り組んできた弁護士などからも同様に疑問の声が聞こえてきました。私、ある弁護士にその点を訊《たず》ねてみたのですが、こんな答えが返ってきたんです。

「立場の弱い外国人は、こうした法案で殴ったとしても殴り返してこないってことを、政府はよく理解してるんですよ」

つまり、なめていたのでしょうね。どうせ外国人の問題なのだから、反発があってもたかが知れてるだろうと。権力者にそのように思わせてしまっている日本社会があって、それゆえに過信していたのでしょう。

浩一　ところが、政府の期待は見事に裏切られた。法案が審議されている間、僕も菜津紀さんも連日、反対運動の現場に通いましたよね。改悪案に抗議する人たちで議員会館前の歩道は埋まりました。入管法をめぐってこれだけ多くの人が抗議に集まったのは初めてのことだと思います。

菜津紀　大学生や高校生の姿も目立ちました。若い人に話を聞いてみると、「ウィシュマさんが亡くなった件を知ったことで危機感を持った」と答える人が少なくありませんでした。「人が死んでも、こんな危険な法案を通そうとしているのが許せない」と。

人の命が失われたことで関心が広がったことに関しては、もどかしさもあるのですが、それでも若い人たちのストレートな怒りは大切なものだと思いました。

ある若者がこのように強調していたのですが「いま、自分には2通りの怒りがある」と。ひとつは入管に対する怒り。もうひとつは、この問題をこれまで知ろうとしなかった、関心を向けることのなかった自分自身への怒り、なのだそうです。

浩一　なるほど。ただ、きちんと伝えてこなかった大人の責任、報じてこなかったメディアの責任もありますよね。

菜津紀　ええ、そしてやはり、人が亡くならないと変化も生まれないのかという思いは抱えつつも、それでも関心を向けて、立ち上がった人々がいたことは、少し期待が持てたような気もします。

浩一　きっかけはどうあれ、社会の不正義に怒りを感じて立ち上がることは大事ですよね。法案審議中の国会周辺は、そうした人々の熱気が渦巻いていました。

なんていうのかなあ、いわゆる〝運動圏〟の外から駆けつけた人も少なくありませんでした。世代も職業も様々。多くの人に共通していたのは「入管ってヤバい」という感覚。僕はそれでいいんじゃないかと思いました。仕事や学校の帰りに、ちょっと政府に文句言ってやるか、みたいな形って、たぶん政府も一番恐れていると思うんです。問題は切実だけれど、抗議のハードルは低いほうがいいですよね。

それから僕も若い人と話していて感じたのは、僕の世代とは違って、外国にルーツを持つ人が特別な存在ではないのだという感覚。例えば学校では、外国籍、外国にルーツを持つ人って、いまやどこの地域でも珍しくもなんともないわけです。会社にも、街の中にも、そうした人々がたくさん存在する。当たり前のことではあるのだけれど、もはや隣人なんですよね。理念的なものではなしに。

菜津紀　確かに。コンビニでも居酒屋でも、生活のあらゆる場で。外国人の同級生といった存在は、もはや珍しくありません。

浩一　僕なんかが子どもの頃は、やはり特別な存在だったんです。「ガイジン」という枠組みでしか見ることができなかった。いや、そもそも異なるルーツを持った人を意識したことがなかったのかもしれません。実際、同じクラスの中には朝鮮半島にルーツを持つ人だっていたのに、それに気がついたのは卒業してから。進路が朝鮮学校だったことで、ああ、そうだったのかと理解したくらいです。

つまり外国人という存在を意識してこなかったし、ある意味、きちんと見てこなかった。いま、取材で小学校、中学校を訪ねると、もう、外国にルーツを持つ子どもがどこのクラスにもいるんですよね。もちろん差別やいじめの問題もあるのだろうけれど、しかし、自分とは異なるルーツを持った同級生がいる、という事実そのものは貴重だと思うんです。「ガイジンなんだから英語を話せるはず」みたいなマイクロアグレッションの塊《かたまり》みたいな、僕らおっさん世代とは違い、何も偏見を抱えていない子どもたちだって育っている。そこは期待したいところなんです。

菜津紀　コロナ禍前の東京都新宿区では、留学生が多くいたこともあって、新成人の半数近くが外国ルーツだったりしました。外国ルーツの人が身近に存在する環境は、これから増えることはあっても減ることはないでしょうから。

政治を動かす熱量

菜津紀　入管法改悪反対の運動で、ちょっと興味深かったのは、ある与党関係者が「（改正案に反対を訴える）ファックスが、検察庁法改正案の時ほどない」と、抗議運動を過小評価したことです。

浩一　ああ、そんな発言が報じられましたねえ。しかし、いまどきファックス……。

菜津紀　確かに私たちはいま、ファックスなんてほとんど使うことはない。でも興味深かったのは、若い人たちが「どうやらファックスってコンビニから送ることができるらしい」と（笑）。インスタなどで送信方法などについて情報共有して、ファックスを議員に送るなどのアクションを起こしたんです。オールドタイプの通信手段へのアクセスに、若い人たちが新しい道筋をつくって挑戦していく。こうした連携もまたユニークだなと思いました。

浩一　僕のようなオールドタイプからすると、院内集会で何人が結集したとか、どれだけの支援団体が賛同者として名前を連ねたとか、そうしたことばかりを〝成果〟としてしまうことが多いので、とても新鮮に感じます。

菜津紀　もちろん、それぞれの役回りというものがあるから、古くから入管問題で活動してきた人たちの知恵や行動力も必要ですよね。そうした人々の呼びかけもあるから、仮放免中の当事者も、リスクを承知で一緒に声をあげていました。例えばナイジェリア人女性のエリザベスさん。自らも仮放免中でありながら、入管施設に収容されている外国人のケアに奔走《ほんそう》している方です。様々な場所で法案の危険性を「これは悪魔の法案」と訴えていました。

もちろん、そもそも当事者がこうしたリスクをとってまで声をあげざるを得ない状況そのものを重く受け止めなければならないのですが……。

浩一　当事者でもあるからこそ、入管の問題点を熟知しています。入管の横暴はご自身の痛みでもありますからね。リスク承知で顔出しし、必死に訴える姿は胸に迫るものがありました。それは僕だけでなく、入管に、あるいは在日外国人や難民申請者の境遇に何の関心も持つことのなかった人たちに、切実なメッセージを伝えることになりました。日本では難民申請しても難民として認められるのは、実は1%にも満たないという事実を初めて知った人も多いと思います。

菜津紀　欧米では、認定率の低いイタリアでも10%を超え、カナダのように50%近い国もあります。ちなみに2020年の日本の難民認定率は0・5%。「先進国」と呼ばれる国の中ではけた違いに低い数字です。

浩一　つまり、ほとんどの申請者が追い返されていることになる。あれやこれやと理由をつけて、制度そのものが日本から追い出すために機能しているといってもよいでしょう。疑わしき

入管法抗議活動（永田町）。若い人の姿が目立つ＝2021年５月、安田浩一撮影

は申請者の利益に、といった国際的な原則は無視されています。

菜津紀　そうした事実を知って、これはけっして看過できないことなのだと、抗議の輪に加わった若い人が多かった。

　抗議運動の場では、高校生の姿もありました。私がお話を伺った宮島ヨハナさんも、そのひとりです。「#JusticeForWishma」というハッシュタグで抗議行動を呼びかけたり、国会前でのシットインも企画されました。宮島さんは「私たちの声がここにあるのだということをしっかり伝えたい」と話していました。

浩一　黙っていることのできない私がここにいる、といった意思表示は重要ですよね。社会って、そこから変わっていく。

菜津紀　政治なんてどうせ変わらないとか、何をやっても無駄なんだとか、メディアではどうしてもそうした無力感ばかりがフォーカスされますよね。もちろん、そう思われても仕方ない局面に私も遭遇することはあるのですが、けっして無力感だけに世の中が染まっているわけじゃない。入管法の改悪案に反対する人たちの運動に接することで、社会の中に「何かを変えたい」「殴らせるばかりじゃないからな」という怒りの声が確実に存在するのを知ることができました。

そして実際に入管法の改悪を阻止することができた。からだを張って国会前に立ち続けた人、法案の危険性を周囲に訴えた人、ネットに自らの思いを書き続けた人、おそるおそるプラカードを掲げた人、自分では何もできないけれど抗議する人たちに応援のメッセージを送った人、そうした人々の熱量が政治を動かしたのだと思います。

浩一　はい、僕もそれを心強く思いました。というよりも背中を押された気持ちになりました。僕自身もまた、知ったつもりになっていた入管の存在について、あらためて勉強する機会を得ることができました。

警察よりも「怖い」

浩一　それにしても、入管がここまで広範囲に政治課題となったことって、あまりなかったように思います。いままで入管法は幾度も改正されていますし、そのたびに危険性や問題点が議論されてきましたが、政治家も含め、長きにわたって「外国人の問題」にしてきたのです。つまり、ヘイトスピーチの問題と同様、日本人には関係ないと考える人が少なくなかった。しかし当事者の人たちにとってはずっと切実な問題として存在していたわけですよね。

年配の在日コリアンの人から言われたのですが、「私たちにとって入管というのは警察よりも怖い存在だった」と。

菜津紀　司法の関与なく、外国人を拘束できる権限を持っていますからね。

浩一　そうなんです。例えば警察は現行犯は例外ですが、裁判所から令状を発布されて初めて人を逮捕できます。建前となっていることは事実ですが、それでも誰かを拘束するにあたっては司法の判断を必要とします。ところが入管は、司法の判断がなくとも、人を拘束し、入管収容施設に送り込むことができてしまう。そりゃあ、怖いですよ。いきなり現れて、お前の存在は認められないから収容所に送る、強制送還する、と宣告されるわけですからね。

菜津紀　司法が介在することなく収容が認められることに関しては、危惧《きぐ》する声が強いですよね。入管に権限が集中している状況は私もおかしいと思ってきました。

浩一　もうひとつ。入管が「怖い」と思われている事例をお話しします。

いま、僕が取材しているタイ人のケースです。ウティナン君という青年が山梨県に住んでいます。彼の母親はいわば人身取引によって日本へ送られた人でした。食堂の仕事があるとだまされてタイ東北部の田舎町から日本に渡ってきたのです。出国費用を名目に多額の借金をさせられ、東京の繁華街で売春を強いられました。それが嫌で働いていた店から脱出し、日本各地を転々とします。在留期限を超過し、非正規滞在となりながら、売春組織と入管の双方から逃げ回るわけです。

そうしたなかで同じような境遇のタイ人男性と知り合い、2000年に生まれたのがウティナン君。父親はいつの間にかいなくなってしまうのですが、母子は必死に逃げ回ります。お母さんは各地の農家の手伝いをしたり、食堂の皿洗いをするなどして、そのうち山梨県に落ち着きました。

菜津紀　ウティナン君、学校にも通うことができなかったのですよね。

浩一　入学の手続きをするために役所へ行けば、そのまま入管に連れていかれると思っていたそうなんです。僕はお母さんに話を聞きましたが、「入管はおそろしい場所」だという認識はずっと持っていたそうです。

菜津紀　入管というワードが「怖い」という感情と共に刻まれてしまったんですね。

浩一　多くの非正規滞在の外国人がそうであるように、入管では何をされるかわからないといった恐怖心を抱えていました。ウティナン君が勝手に外に出て遊ぼうとすると「入管に捕まるよ！」と叱っていたそうです。だから、とてもじゃないけれど役所に行くことなんてできない。しかし、11歳になった時、ウティナン君が学校に行きたいと訴えた。毎日、家の中で隠れて暮らしていましたから、窓の外で同世代の子どもたちが遊んでいる姿を見て、うらやましくなったのだそうです。当然ですよね。彼、ずっと家の中でテレビを見るだけの毎日でしたから。まあ、そのおかげでテレビを通して日本語を学ぶことはできたようですが。

菜津紀　寂しかったでしょうね。子どもにじっと、息を潜《ひそ》めて生きるようにと言うのは、ご本人にとってもお母様にとっても酷《こく》な話です。もちろん、非正規滞在というだけでそこまで追い込んでしまう社会のあり方こそが問題なのですが。

浩一　結局、お母さんは学校に通わせようと決断し、ウティナン君は学習支援を受けました。ウティナン君は短期間で学習の遅れを取り戻し、翌年、地元の中学に入学することができました。

同時にお母さんは入管にも出頭し、自らのこれまでの境遇を説明したうえで、日本での滞在資格を求めました。支援団体の助けがあったからこそ、ようやく可能となったんですね。しかし、入管は滞在資格の付与を拒否します。

菜津紀　つまり「不法滞在」だとして国外退去を伝えたのですよね。

浩一　そうです。そこから母子の長い闘いが続くわけです。お母さんもそうですが、ウティナン君にとっては人生を左右する大事な闘いです。彼は日本で生まれ、お母さんとの簡単な会話以外は日本語しか話すことができず、友人だってすべてが日本で得ることのできた人たちです。彼にとって帰るべき場所は山梨県の自宅しかないのです。

支援団体や弁護士の協力を得て、入管の決定を覆《くつがえ》すべく裁判闘争が始まります。ウティナン君の同級生や、地域の人々までもが彼を応援するために裁判所に通いました。それはものすごく感動的な光景でしたよ。なんとなく保守的にも見える町内会長とか、ＰＴＡの役員とか、学校の先生たちまでもが、「ウティナン君と母親を強制送還するな」とこぶしを突き上げたのです。

菜津紀　それはすごい。地域ぐるみ、学校ぐるみでウティナン君を守るために裁判を闘ったのですね。

浩一　私が見慣れていた「差別の風景」とは違った風景がそこにはありました。国外退去を迫られたタイ人母子のために、特別にリベラルな印象があるわけでもない地域の人々が立ち上がったのですから。

しかし最終的に裁判では母子が負けてしまいます。憤りと同時に、いまの日本において在留資格を得ることがどれだけ大変なものなのか、あらためて痛感しました。

結局、支援団体がさまざまに手を尽くし、お母さんだけがタイに帰国し、ウティナン君だけが支援者を保証人とする形で日本にとどまることが可能となりました。母子が離れ離れになったことは、本当に残念でしたが。

菜津紀　日本の入管制度は母子を引き裂いてしまったんですね。

浩一　彼はひとりで日本に残ったわけですが、しばらくの間は、やはり仮放免の身分ですから、何かあるたびに東京入管に出頭しなければならなかった。まだ高校生でしたからね、僕は心配でいつも山梨から電車で上京してくる彼を、入管の最寄り駅である品川まで迎えに行ってたんです。

入管での手続きを終えて品川駅に戻ってから、僕は彼に「少しは東京で遊んでいったら？」と声をかけるのですが、いつも「いや、すぐに山梨に帰りたい」って即答するんです。実際、僕と別れてからも、ウティナン君は一切の寄り道をせずに、まっすぐ山梨の自宅に戻るんです。若いんだし、ひとりで東京の繁華街を歩いたり、興味ある店をのぞいたりするのもいいとは思うんだけど、とにかくすぐに帰りたがる。何を聞いても「東京、あまり好きじゃないんで」と。

後日、ウティナン君と一緒に、タイに帰国したお母さんに会いに出かけたことがありました。彼にとっては初めての海外。お母さんも近くにいるので安心したのでしょうか、そこで初めて、東京を好きでない理由を僕に話してくれました。

菜津紀　どんな理由だったのでしょう。

浩一　彼にとって東京とは「入管のある街」だったからなんです。東京という都市から連想するのは、あの刑務所のような入管の建物でしかなかったというのです。
菜津紀　東京と入管がイコールとなっている。そう思わせてしまっていることに心が痛みます。
浩一　だから用事を終えたら一刻も早く「入管の街」から離れたかった。彼は多くを語らなかったけれど、やはり入管では、相当に嫌な思いをしたようでした。そんなところには1秒だって立ち止まるのは嫌でしょう。
さらには子どもの頃から「そんなことしたら入管が来るよ」と母親に叱られていたことも大きいかもしれません。
菜津紀　実際、根拠のない話ではないですもんね。入管を、怖いと思うのは当然ですし、時にそこでは命まで奪われているのですから。
浩一　しかも、その入管からずっと「国へ帰れ」と言われ続けてきたんです。彼にとってみれば、東京が母子を追い出そうとしたわけですし、実際、母親は追い出された。
菜津紀　「入管が怖い」という気持ち、いまの日本における外国人政策を表す象徴的な言葉のようにも思うんですね。浩一さんも記事として書いていますが、入管の源流には戦前の特高警察があるわけじゃないですか。その影がいまでも残っているように思うのです。
2018年2月、入管は仮放免運用方針として、仮放免を許可しない「8類型」を局長通達として発表しています。例えばそこには「再犯の恐れが払拭《ふっしょく》できない」といった判断があれば仮放免が認められないといった項目があります。これ、まさに予防拘禁そのものですよね。治安維持法下の時代とどう違うのでしょうか。いや、その治安維持法が存在した時代でさえ、少なくとも形の上では裁判所の決定を必要としました。それがきちんと機能していたかどうかは別ですが、少なくとも司法判断を必要とするプロセスは存在したんです。となると、入管の施策は治安維持法よりもひどいのかもしれません。

浩一　だから「警察より怖い」といった言葉が出てくるんですよね。

日本に漂う〝アウェイ〟の空気

菜津紀　ウティナン君が抱えたであろう〝アウェイ〟感の話から思い出したことがあります。この1年近く、来日したウィシュマさんの妹さんたちの近くで取材を続けてきました。彼女たち、ずっと緊張を強いられてきたんですよね。遺族であるし、社会的に注目されていることもわかっている。そして何よりも入管が自分たちをどのような視線で見ているのか、そもそも入管がどのような組織であるのか、この間の滞在で毎日のように突きつけられてしまったわけですよね。真実を語らないことも、すぐにごまかそうとすることも。

収容施設内を記録したビデオの開示を拒《こば》むことに関して、彼女たちは「どうして真実を見せてくれないのですか」と訴えながら、続けてこう言いました。

「私たちの国、スリランカが貧しい国だからでしょうか？　もしも私たちがアメリカ人でも同じような対応をとるのでしょうか？」

この問いかけが強く印象に残っています。

浩一　そのことは彼女たちも様々な場所で訴えていましたよね。

菜津紀　少なくとも彼女たちの感覚の中では、この日本において差別的な目線を向けられたという実感を持ったからこそ、あのような言葉が出てきたのだと思います。

もちろん日本では支援に駆けつけてくれた人もたくさんいましたし、弁護士も熱心に彼女たちを支えています。でもやはり、彼女たちにとって日本は〝アウェイ〟なんですよね。だからホームできちんと話を聞かなければいけないと思って、私はスリランカに出向いたという経緯もあるんです。

浩一　そのことに関して菜津紀さんが本書2〜3章で詳しく書かれています。ぜひ読んでいただきたいと思いますね。

それにしても、菜津紀さんは本当にウィシュマさんの妹さんたちに、それこそ寄り添うようにしていまも取材を続けています。単に「かわいそう」と訴えるだけでの取材ではなく、ウィシュマさんを死に追いやった構造をきちんと追及していますよね。

菜津紀　妹さんたちにとってすごく限界を感じたであろう出来事は、おそらくビデオの中途半端な開示だったと思っています。21年8月10日に「最終」とは思えない「最終報告書」が出され、同12日に約2週間分のビデオ映像がわずか2時間に短縮された形で、妹さんたちへの開示となりました。許しがたいと思ったのは、その開示の場から代理人たる弁護士を排除したことです。これもまた、完全にアウェイの場へ追い込む行為ですよね。法務省自ら代理人制度を否定したことにもなります。

浩一　隔離された場所に追いやる。当局の常套《じょうとう》手段ですね。

菜津紀　入管当局は、彼女たちの置かれてしまった非人道的な状況をどれほど理解しているのでしょうか。ある日突然に姉の死を知らされ、「遺族」にされ、彼女たちにはまったくなじみのなかった日本に出向くこととなり、しかもそこで頼りにしていたはずの代理人からも切り離される。

そのうえで姉の死に責任を持つべき立場の入管職員たちに取り囲まれて、姉が苦しんで苦しんで亡くなっていく様子を見なければならない。

浩一　拷問《ごうもん》に等しいものです。

菜津紀　先に帰国した次女のワヨミさんは、そのとき目にした映像が脳裏にこびりつき、幾度もフラッシュバックに苦しんだそうです。例えばバスルームや自室にいると、突然、ウィシュマさんの叫び声が聞こえてくるというのです。担当さん、担当さん、と助けを呼ぶ声が頭の中で響く。そのたびに、先に帰国してしまった自分自身を責めてしまうというのです。多くの人が姉を支援してくれているのに申し訳ないと。なにか後ろめたさみたいなものを感じるのだと話していました。

浩一　後ろめたさなど感じる必要はないのに……。

菜津紀　そう思わせてしまう日本の空気感があったのではないかとも思ってしまうんですね。少なくとも彼女はずっと、入管の視線を意識しながら日本に滞在していました。

浩一　本来、入管こそが遺族の視線を痛いくらいに感じながら、説明責任を果たすべきですよ。思い切った言い方をすれば、入管がウィシュマさんを殺した。死に追いやった。おそらくその自覚は皆無でしょう。

「マクドナルドに行きたい」

浩一　ウィシュマさんが亡くなった直後、僕は名古屋入管を取材した帰りに、彼女と手紙で交流していた支援者のひとり、真野明美《まのあけみ》さんの自宅を訪ねました。そこでウィシュマさんが描いた絵や手紙を見せていただいたのですが、その明るい色彩が少しも死を連想させることがなくて、それが余計に悲しかった。

ウィシュマさんが描いた多くの絵の中に、真野さんなど支援者の人たちと一緒にマクドナルドでハンバーガーを食べている絵がありました。もちろん、収容施設の中にいるわけですから、実際の会食ではありません。夢で見た光景を絵にしたんですね。自分も含めて、皆が幸せそうな表情でハンバーガーを食べているんです。

菜津紀　ウィシュマさん、マクドナルドの100円バーガーが好物だったんですよね。

浩一　その絵には「早く元気になってみんなでマクドナルドに行きたい」との手紙が添えられているんです。読みながら涙が出てきました。彼女、この手紙を書いた頃は、すでに体調を崩して食欲も失い、嘔吐《おうと》を繰り返していた時期なんです。それでも彼女は夢見るわけです。幸せな光景と、幸せな食事を。自分は何も食べることができないのに。

体力も食欲も失いながら、しかし、彼女はその先に幸せな時間があるのだと信じていました。それを思うと、ただひたすら悲しい。そして入管に対する憤りがこみ上げてくる。

菜津紀　その手紙の投函《とうかん》からしばらくして、真野さんが面会に出向いています。3月3日でした。この時、ウィシュマさんはもう目は落ちくぼみ、げっそりとしていたそうです。それでも振り絞ったような声で「私をここから連れて帰って」と真野さんに懇願したんですよね。

浩一　誰がどう見ても衰弱は明らかでした。

菜津紀　真野さんによれば、ウィシュマさんは面会室に嘔吐に備えたバケツを抱えて入ってき

ウィシュマさんが残したイラスト。マクドナルドに行った夢のことが描かれていた＝2021年３月、安田浩一撮影

たそうです。後に証拠保全手続きの中で弁護士にも開示された映像から明らかとなりましたが、この日、ウィシュマさんは出された食事を一口食べるだけで、吐き出すような状態でした。職員はスプーンで食べ物をウィシュマさんの口に運ぶのですが、そのたびに吐いてしまう。しかし、それでも職員はウィシュマさんの口をゆすぐこともなく、ハイ次、とばかりにスプーンを口の中に入れていくわけです。

ちなみに「最終報告書」ではこの時の様子が〈食べた〉としか書かれていません。それだけでも、いかに報告書が不適切な内容なのか、十分に理解できます。この報告書を分析すると、言葉を選ばずに言えば、力で相手をねじ伏せ、支配することを正当化する、巨大なＤＶ加害者のようにも感じました。

浩一　まさに。支配して、虐待する。ＤＶ加害者そのものです。

菜津紀　ＤＶといえば、実際、ウィシュマさんは同居していた男性からＤＶを受けていたことを再三、入管側に伝えていましたよね。中絶を強要されたことも訴えています。だからこそウィシュマさんはその恐怖もあって、スリランカに帰ることができないのだとも。

浩一　しかし入管はそれを深刻にとらえませんでした。

菜津紀　そうなんですよ。入管側は「切迫した危険性はない」と判断しているんですよね。実際、相手の男性はウィシュマさんを脅すような文面の手紙を収容中の彼女に送りつけています。こうしたことからもわかるように、入管はＤＶに関しての認識が甘い。というよりも、認識すら持たなかったのではないかと思います。

浩一　外国人差別と、女性差別。二つの暴力がウィシュマさんを襲ったことになる。

衰弱してカフェオレをうまく飲めず、噴きこぼしてしまったウィシュマさんを「鼻から牛乳」と笑った職員も含め、入管は完全に人権感覚を失っていました。弱い立場にある人を笑い、尊厳を奪い、そして見下す。これはヘイトスピーチと同じ構図が浮かび上がってきますね。

第5章

搾取と差別に苦しむ労働者たち

——安田浩一

「労働法違反のデパート」

携帯電話が鳴りやまない。通話が終わったかと思うと、10分も経たずに着信音が響く。そのたびに甄凱《ケンカイ》さん（63）は「ごめん」と軽く詫《わ》びてから私との話を中断させる。電話の相手は各地の労働組合や外国人支援団体、弁護士、記者、会社経営者、そして外国人技能実習生たちだ。時に〝利権〟を守るのに必死なヤクザから、恫喝《どうかつ》口調の電話が入ることもある。甄凱さんは日本語と早口の北京語を使い分け、それぞれの相談や訴え、脅しにも耳を傾ける。

変わらないなあと思う。20年前に知り合った時から、甄凱さんはずっとこんな感じだ。追われているのか、追っているのか。顔の見えない相手に頭を下げたり、怒鳴ってみたり。とにかく忙しい。

「変わらないのは実習制度も同じですよ」と甄凱さん。

「あらゆる人権無視が横行している。実習制度の本質的な部分は、ずっと変わっていないですよ」

そう話しているうちに、また電話がかかってくるのだ。

賃金の未払いがある、残業代を支払ってもらえない、社長のパワハラ、セクハラに耐えられない、休日をもらえない、労災を認めてくれない、社長に抗議したら国に帰れと言われた――

連日、外国人実習生の相談にのっている甄凱さん＝2022年３月

そうした労働現場からの相談が次々と持ち込まれる。

「実習制度は労働法違反のデパートみたいなものです」

甄凱さんは吐き捨てるように言った。

実際、全国の労働基準監督署による立ち入り調査（２０２１年発表）でも、実習生を受け入れる事業所の約7割で労働基準関係法令の違反が確認されている。また、同年に発表された賃金構造基本統計調査では、実習生の賃金水準が日本人を含む同年代の労働者全体の約6割にとどまっていることも判明した。

「外国人の技能実習の適正な実施及び技能実習生の保護に関する法律」（技能実習法）は実習生の報酬を「日本人と同等以上」と定めているが、遵守《じゅんしゅ》されている形跡はない。

「企業からすれば、実習生を日本人と同待遇にするのであれば、そもそも実習制度を利用する意味もなくなりますからね」

甄凱さんの指摘は、まさに問題の本質を突いたものでもある。

初めて会った時、甄凱さんは埼玉県内で中華料理店を経営していた。大きな鍋を器用に動かす姿をいまでも覚えている。

1986年に中国・北京から留学生として来日した。東京都内の大学で法律を学んだ後、大手アパレルメーカー、貿易商社などに勤務。その後に中華料理店を経営するようになったのだが、実習生の労働問題に関わるようになったのは同時期である。21世紀を迎えたばかりの頃だった。

たまたま店に食事に来ていた中国人実習生から悲惨な労働実態を聞いた。時給は地域ごとに定められた最低賃金（最賃）の半分以下、休みもほとんどない長時間労働。強制帰国をちらつかせながら、社長は実習生を人間扱いしないという。

義憤にかられた甄凱さんは、実習生の勤務先に乗り込んで社長と直談判、違法な労働環境を改善させた。以来、口コミで彼の名が実習生の間に知れ渡り、当事者だけでなく、労働組合や外国人支援団体からも、通訳兼交渉人としての応援を求められる機会が増えた。

私もまた実習生問題の取材に取り組み始めたばかりの頃で、取材先で知り合った彼について回った。後に帰国した実習生を追いかけて中国国内を幾度か訪ねた際も、その多くに同行をお願いした。

現在、甄凱さんは中華料理店をたたみ、岐阜一般労働組合の外国人労働者担当専従職員として活動し、行き場を失《な》くした外国人のシェルターも運営している。

甄凱さんの活動は、これまでにも多くのメディアが報じてきた。例えば2017年、時給400円という低賃金で働かされていた縫製工場の実習生たちが、甄凱さんの声掛けで労組を結成し、発注元の大手アパレル会社に押しかけた時などは、テレビ、新聞などの大手メディアがこぞってこの話題を追いかけた。ある民放キー局はこの一件でドキュメンタリー番組までつくっている。あまりに反響が大きかったこともあり、発注元のアパレル会社が〈製造現場について更なる関心を払い、弊社の商品がそのような環境下で製造されることがないように努力をして参る所存です〉と謝罪声明を発表するなど、異例ともいうべき解決を果たしたこともあった。

「実習生問題の核心は日本の産業構造そのものにある」

甄凱さんは繰り返し、そう訴えている。

不況業種がこぞって実習生を雇用するのは人件費負担と人手不足に悩んでいるからだ。外国人ならば低賃金でも構わないのだと、経営者たちは開き直る。そこにはアジア人労働者に対する差別意識もあるだろう。一方、発注主の大企業は、末端の工場で誰がどんな働き方を強いられていようが気にも留めない。問題が起きれば、労働者ごと切り捨てればよいのだ。

華やかなファッション業界も、最先端を謳《うた》う自動車、家電メーカーも、実直な「ものづくり」を連想させる建設業界や農林水産業も、いまや実習生をはじめとする外国人の労働力なくしては成り立たないのに、まるで初めからそれが存在していないかのように、とりすました表情を崩さない。

そして——私たち消費者は実習生がつくった服を「さすが国産品は丈夫」だと喜んで身に着け、実習生がつくった野菜や果物を「国産は安全」だとして口の中に放り込む。

こうした「外国人産の国産」が私たちの生活を支えているにもかかわらず、私たちは「つくり手」の顔も苦痛で歪《ゆが》んだ表情も想像することなく、今日という日常を生きる。

時給400円の縫製工場

こうしたことを自覚するためにも、私は定期的に岐阜県内のシェルターを訪ね、甄凱さんに実習職場の現状を聞くと同時に、実習生本人とも面談を重ねている。

この日（2022年3月）、シェルターには中国人、カンボジア人、ベトナム人など15名の外国人が保護されていた。全員が技能実習制度で来日した実習生だ。当然ながらそれぞれが「理由」を抱えて実習先企業から逃げてきた人々でもある。

例えば中国江蘇省出身の女性（45）。1年ほど前まで大手ファッションブランドの下請け縫製工場で働いていた。時給は400円。地域最賃を大きく下回る違法な賃金だ。さらに運の悪いことに突然、会社が倒産してしまった。未払い賃金の支払いを求めても「倒産して資力がない」ことを理由に拒《こば》まれる。また、こうした場合は例外的に監理団体（実習生を国外から受け入れ、企業に振り分け、その後の監督・管理も担当する団体）の斡旋《あっせん》で他企業への転職が可能となるのだが、倒産から1年が経過しても彼女に新しい職場が提供されないままだ。

仕方なくシェルターで生活しながら、監理団体との交渉を重ねる甄凱さんからの報告を待つだけの毎日である。

「疲れた」と彼女は私に漏らした。

すでにシェルター生活も半年を超えた。中国へ帰ることも考えていないわけではない。だが、ここで帰国すれば、シェルターで過ごした時間が無駄になる。いや、そもそも日本に来たことじたいが間違いではなかったのか。そう思うと眠ることのできない夜もあるという。

日本へ遊びに来たわけではないのだ。しっかり稼いで、待っている家族を喜ばせたい。その思いだけを抱えて働いてきた。だが、待ち受けていたのは低賃金労働、そして会社の倒産である。しかも経営者も監理団体も、その責任を果たそうとしない。

「日本がそんな国だと思わなかった。失望した」

これまで取材先で繰り返し聞かされてきた言葉を、この日も私は耳にすることとなる。

「ずっと日本人は誠実な人ばかりだと思っていた」

そう続けたのは、別の中国人の女性実習生（43）だ。

「もともと日本に憧れていました。少なくとも私の周囲では、日本を悪く言う人はいなかった」

豊かな国。清潔な国。法律が整った国。人々は穏やかで親切で、真面目な人ばかり。中国人に向けられることの多い「反日」なる陳腐《ちんぷ》なレッテルとは遠いところで彼女は日本を見ていた。

だが、就労先の縫製工場で「日本のイメージが覆《くつがえ》された」。

時給400円。しかも朝7時から夜10時まで、ほぼ休みなく働かされた。残業に関しては時給制ではなく出来高制。何もかも当初の約束と違っていた。そのうち、会社に労働基準監督署の立ち入り調査が入り、労基法違反が指摘された。労基署は是正勧告を出したが、その直後、会社は破産を申し立て、実習生は待遇改善されることなく放り出されてしまった。最低賃金法に照らし合わせた未払い賃金は約320万円にものぼる。

「これ、見てください」

彼女が私に差し出したのは、その名を知らぬ者などいないであろうアイドルグループの写真だった。ファンなのかと私が問うと、彼女は首を横に振った。

「この人たちが着ている服、私たちがつくったんです」

縫製工場は大手アパレルから依頼され、芸能人のステージ衣装の縫製を請け負っていた。写真の中で、アイドルは優しく微笑《ほほえ》んでいた。身に着けている衣装が、時給400円の実習生たちによって縫製されたものだと考えたこともないだろう。それは私たちも同じだ。

私たちはつくり手の顔など想像しない。

縫製工場の社長は破産を理由に交渉から逃げ回り、行くあてのない彼女はシェルターで解決の日を待つばかりである。

夢だった日本は、いま、彼女にとって悪夢でしかない。

このシェルターで、私は少し前にカンボジア人女性の実習生（33）にも話を聞いている。印象に残っているのは、彼女が「富士山を見たい」と何度も口にしたことだった。

彼女にとって富士山とは、日本そのものだった。

「カンボジアにいた頃、テレビやネットの写真で何度も見た。あの美しい山のある国で働くことができると思っただけで気持ちが弾《はず》んだ」

日本に行けば必ず目にすることのできるものだと思っていた。だが、岐阜県内の工場で働くことになった彼女は結局、富士山を一度も目にすることなくシェルターで鬱屈《うっくつ》した毎日を過ごしていた。

なぜ、職場から逃げてきたのですか？　そう訊《たず》ねる私に、彼女はその時ばかりは通訳を介さず、たどたどしい日本語でこう答えた。

「仕事、たくさん。お金、少し」

地元のブローカーに6千ドルの手数料を支払って実習生となった。高度な技術を学び、日本人と同等の給与が保証される――カンボジアでは、ブローカーからそう聞かされていた。しかも行き先は「富士山の国」だ。

だが、「日本」は彼女の期待も希望も裏切った。富士山は遠かった。

彼女が働いた縫製工場の仕事は朝の8時半から始まる。ミシンを踏む。アイロンをかける。完成品を収めた段ボール箱を積み上げていく。それが「高度な技術」なのかといった疑問は、すぐに消えた。いや、休むひまもなく働き続けているうちに、考える余裕がなくなった。

仕事を終えるのは深夜になってから。時に明け方近くまで働いた。毎月の残業は200時間を超えた。基本給は月額6万円。残業の時間給は1年目が300円、2年目が400円、3年目にしてようやく500円。しかも毎月の給与から4万円を強制的に預金させられた。通帳は経営者が預かったままで、自身が管理することはできない。

「このまま働き続けては倒れてしまうと思った。もう限界だった」

手荷物だけを持ってシェルターに身を寄せたのである。

それぞれが、それぞれの夢を抱えて日本に渡る。そして少なくない者たちが失望し、落胆し、小さな憎悪《ぞうお》を生み出していく。いつまで経っても「豊かさ」にたどり着けない。もちろん富士山にも。

「だから、こうした制度はやめたほうがいいんですよ」と甄凱さんは言う。

「違法が常態化した制度は、たぶん誰も幸せにしない。経営者だって綱渡りしているだけで、いつかは破綻《はたん》するのですから」

いま、日本各地で働いている実習生は約40万人。低賃金重労働で、生産業を支えているのだ。何度でも繰り返す。そんな実習生と、私たちはどこかでつながっている。いや、私たちは〝利用〟している。

国際交流を謳った〝犠牲の制度〟

外国人技能実習制度——一部では「奴隷労働」と揶揄《やゆ》されることも多いこの制度は、発展途上国の若者を日本の企業へ受け入れ、人材育成と技術移転を支援することを目的として1990年に制度化された。日本に派遣された者は、最長5年を期限として企業と雇用契約を結び、実習生として就労する。

内実は「労働者」以外のなにものでもない。にもかかわらず「実習生」なる、いかにも非正規の臨時雇用を連想させる呼称であるのは、日本政府が一貫して「移住労働者」の存在を認めていないからだ。わが国では日系人など例外を除き、特別な技術を持たない単純労働者を海外から受け入れないといった方針を堅持している。日本人の雇用機会が奪われるというのが、その理由だ。つまり、「移住労働者」なる概念はないし、制度上、そうした人々が存在してはいけないことになっている。

移住労働者、移民を拒む政府の基本方針を崩すことなく、単純労働者を確保する方法として、数年で帰国することが前提となっている実習制度が重宝されるのは当然だ。経営者にとっても、これほど都合の良い存在はないだろう。家族の帯同も許されず、原則として日本への定着もない。いつかは帰ってもらえる臨時的な労働者——言い換えれば、国是《こくぜ》を崩すことのない一種の抜け道でもある。

米国務省が毎年発表している「世界の人身売買の実態に関する報告書」では、2007年度版から毎年、日本の実習制度が「人身売買の一形態」「強制労働」であると指摘するようになった。

このような臨時的非正規の外国人労働者を受け入れるようになったのは、実は1950年代後半からだ。当時はまだ制度として確立されたものは何もなかったが、メーカーの補助的労働力として「研修生」と呼ばれていた。

ちょうど日本企業がアジア各国を中心に海外進出を始めたばかりの頃である。進出先の現地法人や工場で働く現地採用の労働者を日本に招き、必要な知識や技術を習得させるための研修を実施したことがそもそもの始まりだった。文字通りのトレーニングである。

独自に海外から人材を招くことのできる資力を持つのは大企業に限られていた。あくまでも自社グループの人材育成という考え方が基本にあった。

70年代に入って日本人の賃金が高騰していくなか、その頃から一部企業による「研修に名を借りた就労」が少しずつ問題として浮上するようになる。

その後、1981年に、研修目的で来日した外国人の在留資格が「留学生の一形態」に位置づけられた。研修生は「国際交流」と「学ぶ」ことが目的であり、いうなれば企業留学のような形式として認知されたのだ。

1990年、入管法の改正によって研修生は「留学生の一形態」から独立して、新たに「研修」という在留資格に組み込まれた。それでも「国際交流」や「学ぶ」目的であることは変わらず、そのため入管法では、研修生が従事する作業は単純作業ではないこと、帰国後は日本で研修した技術を必要とする仕事に就くことなどが要件として定められた。

さらにこの年、もうひとつ大きな制度改正があった。それまで企業が個別に研修生を受け入れてきた「企業単独型」に加え、協同組合や地域の企業団体などが研修生を受け入れ、それを傘下の中小企業に振り分けて派遣する「団体監理型」が認められるようになったのだ。これによって、海外にパイプを持たない中小零細企業であっても、協同組合などの受け入れ機関を通して研修生を雇用することが可能となった。

受け入れ機関は海外に出向き、提携する送り出し機関を通じて労働者を集め、渡日させる。その後、加盟する企業に労働者を派遣するといったシステムだ。運営費は企業からの手数料によって賄《まかな》う。企業としては人材会社から派遣労働者を受け入れる感覚で、外国人を雇用できることになった。

これがきっかけとなり、かつて大企業の自社研修としてスタートした研修制度は一気に裾野《すその》を広げていく。全国各地で研修生受け入れだけを目的とした協同組合など受け入れ機関の設立が相次いだ。とりわけ目立ったのは、農業、水産業、畜産業、縫製、食品加工などの不況業種である。いわゆる3K職場とも呼ばれたこれら業種は、人件費削減を迫られ、かつ人材不足にも悩まされていた。これを解決する手段として、外国人の活用、すなわち研修生受け入れに動いていくのである。国が意図する「国際交流」や「学ぶ」目的は、徐々に有名無実化されていく。今世紀に入った頃には、すでに関係者の誰もがそうした文言を口にすることはなくなった。労働者も経営者も、それが出稼ぎ労働であることは十分に理解していたからだ。ただ政府のみが、制度は「国際交流」の一環だと、空疎《くうそ》な言葉を吐き続けていた。そして同時に、労働関連法に違反する悲惨な労働環境も一気に広がっていくのであった。

その後、幾度かの改正を重ね、現在は「研修」の在留資格から切り離され、「外国人技能実習制度」と名称も変わった。また、協同組合など受け入れ機関も、国からの許可を必要とする「監理団体」となり、文字通り、就労状況などを監督・管理する義務を負うようになる。

反戦運動家の後ろ姿

だが、すでに十分知られている通り、実習制度の内実はさほど変わっていない。企業に適正な指導をおこなうべき監理団体が、率先して法令違反に関わるなどの事例は、枚挙にいとまがないのだ。

例えば、これまで20年以上、実習生の救済に奔走《ほんそう》している移住連（NPO法人移住者と連帯する全国ネットワーク）代表理事の鳥井一平さんは私の取材にこう答えている。

「国は実習生の権利侵害を防ぐために、監理団体が企業を監視するよう指導しています。しかし、強制帰国などの権利侵害を主体的におこなっているのは、その監理団体なんですからね」

そして「泥棒が十手《じって》を持っただけの話」と突き放すのであった。

私は現在の監理団体が「受け入れ機関」と呼ばれている頃から、この種の関係者たちに取材を重ねてきた。

その経験から論じれば、確かに「十手」を持つ資格などないような者も少なくなかった。例えば、暴力団関係者が受け入れ機関の実質的責任者というケースもあった。彼は「時給300円」という実習生を傘下企業に振り分け、経営者からは感謝されていたが、実習生の多くからは恨《うら》まれていた。しかし、恫喝されることが怖くて、多くの実習生は不満を漏らすことができずにいた。私はこれを記事化することで問題を明らかにしたいと考えていたが、肝心の実習生から止められた。報復されると嫌だ、というのがその理由だった。

取材の過程で、暴力団との関係をちらつかせながら「記事にするな」と私自身が脅されたことも一度や二度ではない。2000年代初頭には、暴力装置を背景に運営されている受け入れ機関も珍しくなかったのだ。

ほかにも人材派遣会社の出身者や、研修生受け入れ企業の経営者が、外国人の斡旋のほうが儲《もう》かるからと転身するケースも多かった。

悪質だと思える受け入れ機関の中には、本来労働者の味方であるべき労働組合が関係する団体もあった。

東海地方で幅広く実習生の受け入れをおこなってきた団体の代表は、もともと反戦運動の闘士としても知られる人物だった。軍隊経験を持つ彼は、軍国主義に加担したことへの反省から戦後に反戦運動家となり、地域では「革新の大物」として認知されていた。地元で労働組合を立ち上げ、多くの争議も闘ってきた。日中友好運動などを通して中国とのパイプができたことで、彼は今世紀に入ってから実習生の受け入れ事業を始める。「中国の青年に夢を与えたい」との当初の目的を私は疑っていない。だが、組織が拡大し、派遣先企業が増えるなかで、いつしか「青年の夢」よりも管理と監視、そして企業の利益が優先されるようになる。低賃金や限度を超えた長時間労働を放置し、それを追及する労働組合とも対決姿勢を見せた。

私は何度もこの元運動家の事務所や自宅に押し掛け、いまにして思えば相当に強引な取材を繰り返したが、結局、「中小企業の利益を守ることが私の使命だ」という自己弁護の言葉しか返ってこなかった。

彼と最後に会ったのは2010年だ。それまでの取材と同様、〝喧嘩《けんか》別れ〟し、後味の悪さに気が滅入《めい》りながら、駅までの道を歩いていると、彼は小走りで私を追いかけてきた。何事かと訊ねると、彼は「庭で採れたものだから気にするな。わいろでも何でもない」と言って、私のコートのポケットに、大きな柿を2、3個無理やり突っ込んだ。

「甘いから。家に帰ったら食べなさい」

それだけ告げると、彼は背中を向けて引き返した。その後ろ姿はどこか寂しげに見えた。

元運動家はその6年後に90歳で亡くなった。

いま、あらためて思うのだ。喧嘩腰の私に見せた最後のやさしさを、なぜ低賃金に苦しむ実習生に向けなかったのだろうかと。護憲と反戦の旗を振り続け、若い頃は労働者の権利のためにも闘ってきた。協同組合主義を主張したロバート・オーウェンを信奉し、大企業の横暴に泣かされる中小零細企業の団結に奔走した。そんな彼は、間違いなく晩年に汚点を残した。

中小零細企業を救済するために、外国人を安価な労働力として差し出した。

実習制度という利権が、彼の人生を狂わせたとしか思えない。

21世紀の奴隷労働

私が初めて実習生を取材したのは2005年の冬だった。

足を運んだ先は岐阜市の郊外。実習生が暮らす寮は、物置小屋と見紛《みまが》うような粗末な平屋だった。部屋の中には隙間《すきま》風が入り込み、吐く息は白く濁った。真冬だというのにストーブもエアコンもない。

そんな場所で6人の中国人女性が肩を寄せ合うように生活していた。

私が訪ねた時、すでに時計の針は深夜0時を回っていた。その時間にならなければ彼女たちの仕事が終わらないからである。

暖房設備のない部屋で、彼女たちはダウンジャケットを着たまま食事をとった。水餃子を口に運んだ時だけ、解き放たれた表情を見せた。

私も勧められるままに水餃子をいただきながら、彼女たちの語る「実習」について耳を傾けた。

全員が中国東北部、山東省の小さな町の出身である。地元の縫製工場で働いていた彼女たちは「先進技術を学ぶことができる」「日本人と同じ額の給与が支払われる」とブローカーに吹き込まれ、手数料や保証金として請求された6万元（当時約90万円）を借金で工面し、さらに自宅の権利書を送り出し機関（中国の派遣会社）へ預けて来日した。

ブローカーの話がでまかせであったことは、日本に着いてすぐに悟った。配属された縫製工場には古いミシンが並んでいるだけで、「先進技術」などどこにも見当たらなかったからだ。ミシンで婦人服を縫い上げる仕事は、経験者である彼女たちにとっては、手馴《てな》れた単純作業でしかない。

朝7時から深夜まで、ずっとミシンを踏み続けた。休日は月に1日のみ。夜間外出も外泊も禁止されていた。「余計なことを考えるな」と、携帯電話やパソコンの所持も認められていなかった。

毎月の基本給は5万円。そのうち3万5千円は強制的に貯金させられ、生活費として現金支給されるのは残額の1万5千円だ。残業手当は時給300円。「給与が安すぎる」と社長に抗議したら、「中国に送り返す」と脅された。

「あまりにひどい」と、彼女たちは涙ながらに私へ訴えた。それでもこうした生活に耐えてきたのは「逃げることもできない」からだという。パスポートも預金通帳も経営者に取り上げられている。逃げたところで〝身代わり〟に預けた自宅の権利書と保証金が、送り出し機関に没収されるだけだ。実習先の経営者に迷惑を掛けたら、そうした「罰」が待っている。

時おり入国管理局の担当者が、工場へ立ち入り調査に訪れることもあった。そのたびに彼女たちは「給与は月額12万円。残業はありません」と調査担当者に答えた。そのように答えなければ「逮捕されて中国に送り返される」と経営者に聞かされていたのだ。

後に判明したことだが、工場が調査担当者に見せていた賃金台帳や給与明細には、実習生の給与はすべて「月12万円」と記されていた。〝立ち入り調査対策〟である。経営者は裏と表の帳簿を使い分けていたのだ。さらに〝立ち入り調査対策〟の給与明細では健康保険や雇用保険、年金などが給与から差し引かれていたが、実際はすべての社会保険に無加入だった。

もう遅いからと私が取材を終えて帰ろうとすると、ようやく彼女たちは寝具を整え始めた。同時に、ペットボトルに沸かしたばかりの湯を詰めた。湯たんぽ代わりだという。

「寒くて寝られないから」と彼女たちは寂しそうに笑った。

熱湯の入ったペットボトルを抱えて、ベッドに入る。短い睡眠の後には、またミシンを踏むだけの労働が待っている。

縫製工場で働く実習生の食事風景。暖房設備のない部屋でダウンジャケットを着たまま食事している＝2005年12月

岐阜の縫製工場。縫製作業に従事する実習生たち＝2005年12月

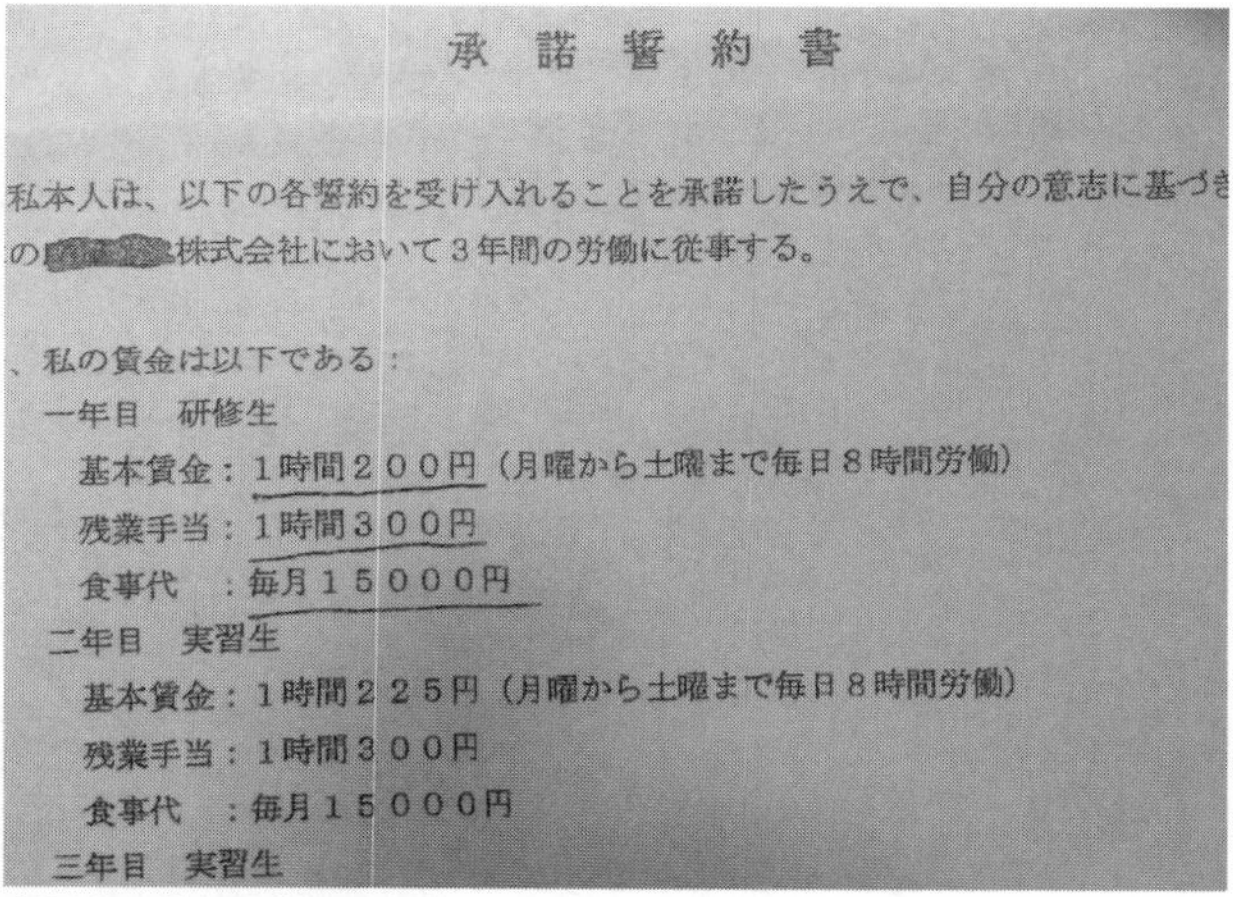

承諾誓約書

私本人は、以下の各誓約を受け入れることを承諾したうえで、自分の意志に基づき
の[redacted]株式会社において３年間の労働に従事する。

、私の賃金は以下である：
一年目　研修生
基本賃金：１時間２００円（月曜から土曜まで毎日８時間労働）
残業手当：１時間３００円
食事代　：毎月１５０００円
二年目　実習生
基本賃金：１時間２２５円（月曜から土曜まで毎日８時間労働）
残業手当：１時間３００円
食事代　：毎月１５０００円
三年目　実習生

実習生の賃金を定めた書類（2006年に筆者が入手したもの）には、１年目の時給が200円と記されていた

玄関で私を見送る際、彼女たちが口にした言葉を私はいまでも忘れることができない。

「ねえ、私たち、人間じゃないみたいでしょう」

否定する言葉が思い浮かばなかった。私はただ、曖昧《あいまい》に、力なく、首を横に振ることしかできなかった。

21世紀の日本に、奴隷のような待遇を強いられる労働者がいることを、その時初めて知った。

後日、私は社長を取材した。

社長は「みんな、やっていることじゃないか。いったい何が悪いのか」と険《けわ》しい顔をして、それ以上の取材を拒んだ。

実際、「みんな、やっていること」だけは、

ウソでなかった。取材を進めていくなかで、この地域の縫製業界では、実習生に対しての低賃金・長時間労働が当たり前のように強いられていることがわかった。しかも、まるで申し合わせたかのように時給も休日数も同じだった。労働法のまったく及ばない世界が、そこにあったのだ。別の縫製工場の経営者にそのことを指摘すると、「ガイジンにも、ちゃんと給与を払わないといかんの?」と怪訝《けげん》な表情をされた。そのうえ「もしも、ガイジンにマトモな給与を払ったら、実習制度の意味がないでしょう?」と詰め寄られた。

それもまた事実ではある。

実習生のような安価な労働力なくしては存続できない産業もあるのだ。

縫製産業は間違いなく、そのひとつに入る。

売り上げ750円の婦人服

ある縫製業者が、実習生受け入れに踏み切るまでの経緯を打ち明けてくれたことがあった。妻と二人で数十年間、縫製工場を営んできた彼は、次のように説明した。

「80年代半ばに円高が進み、国内の縫製業者は安価な海外製品との競争を強いられ、軒並み苦境に陥った。ガチャ万産業(ガチャッと織れば万札が懐《ふところ》に入るのたとえ)などと呼ばれたのは大昔の話。いまは織れば織るほど赤字が増えるといった理不尽な産業です」

高級ブランドが幅を利かせた時代は終わり、いまやファストファッションが業界の主流だ。低成長時代の不景気も相まって、消費者の関心は「価格と機能性」に集中するようになった。圧倒的に不利な状況に置かれたのは国内の縫製産業だ。長い歴史を持ってはいるが、コストの問題では海外製品に圧倒的な差をつけられてしまった。国内の縫製工場がどれだけがんばったところで、販売価格1千円以下のポロシャツやTシャツを生産できるわけがない。

「アパレル会社の多くが海外生産に移行し、受注は減少しました。私の会社も倒産寸前まで追い込まれた。いよいよダメかと思った時期に、取引先のアパレル会社から非情な選択を迫られたんです」

コストの安い海外へ工場を移転して生産を続けるか、それとも海外製品と同じコストで、このままの場所で生産を続けるか、あるいは廃業するか——それがアパレル会社が提示した選択肢だった。

アパレル会社は80年代後半から下請けの縫製業者に対し、一方的に工賃の切り下げを要求してきた。業者は「干されたくない」一心で、泣く泣くそれに応じている。海外移転できるほどに資金の余裕があるならば、とっくにそうしていたはずだ。老夫婦とパートだけで切り盛りしている零細業者にそんな資力はない。アパレル会社は当然、そうした事情を知っているはずだったが、あえて無謀な選択を迫り、切り捨て整理を図っていたのである。

この業者は主に婦人服をつくっている。例えば市価7千円のブラウス。工賃は1枚あたり、わずか750円だという。縫製に要する時間は1時間。つまり時間にして750円の売り上げにしかならない。

「景気が良い時は1500円くらいの工賃だったのですが、海外製品との競争が始まってからは下落に歯止めがききませんでした。しかし、750円の売り上げでは、ランニングコストを考えればほとんど利益が出ない。もう会社潰《つぶ》すか、首を吊るか、そのくらいしか考えられなくなりました」

そうした窮状《きゅうじょう》を見計らったように現れたのが、業界のブローカーだった。ブローカーは外国人雇用を盛んに売り込んだ。

「実習生を雇用すれば人件費を抑えることができる。生産増にもつながるから利益も出る。そんな説明を受けて、話に乗ることを決めたんです。まあ、受け入れ機関（現在の監理団体）に手数料は払わなければならないし、実習生のために寮も用意しなければならないし、必ずしも万々歳といえるほどではなかったけれど、それでも、いつ倒産しておかしくない会社が、なんとか生きていける程度には持ち直しました。言い換えれば、もしもいま実習生の労働力がなければ、すぐにでも倒産ですよ」

要するに、実習生という存在によって、ぎりぎり「生かされている」のだ。

それでも実習生を低賃金で雇用することの不当性を私が訴えると、経営者は「ならば」と私に聞いてきた。

「安い給与で朝から晩までミシンを踏んでくれる日本人労働者がいますでしょうか？　あるいはそんな零細企業など廃業すればいいと、あなたは思いますか？」

ミシンを踏み続けながら小さな工場を守ってきた。アパレル会社から工賃を切り下げられ、屈辱を受けながらも踏ん張り続けた。この工場で生産された婦人服は、きっと多くの消費者を喜ばせたに違いない。

だが、それでも私は、弱い立場にある労働者の人権まで奪うことは絶対に肯定できない。不当な働かせ方、働き方は断じて認めるわけにはいかない。

この経営者は「実習生は業界の命綱《いのちづな》」だと言った。

その通りなのであろう。だからこそ、低賃金、重労働は必然なのだ。労働者の犠牲を初めから盛り込んだシステムなのだ。

そして——「命綱」であるにもかかわらず、けっして大事に扱われることはない。都合よく消費され、役に立たないと判断されれば捨てられる。

そんな歪《いびつ》な構造によって「生かされる」業界も、それを放置したまま自分の手のひらは真っ白だと開き直る大手アパレルも、けっして許されるものではない。

砂上の「レタス王国」

縫製業者だけではなかった。実習生によって「生かされている」のは、例えば農業分野も同様である。

「外国人実習生の労働力がなければ、とてもじゃないが農家経営などやっていけない」

そう訴えたのは長野県川上《かわかみ》村のレタス農家だった。

川上村は日本一のレタス出荷量を誇る「レタス王国」として知られる。同時に全国でも有数の〝国際化〟自治体だ。レタスの出荷がピークとなる夏場は、村内人口の実に4人に1人が外国人実習生によって占められる。

川上村は戦前まで、養蚕《ようさん》や子馬の生産でわずかな現金収入を得る寒村だった。転機は終戦直後。進駐米軍の需要で、米国人が好んで食べるレタスの生産を始めた時だ。高原野菜に適した冷涼な気候で、首都圏にも近い村を、米軍はレタス栽培地に指定する。それが「村の飛躍を促《うなが》した」のだと、地元JA長野八ヶ岳川上支所の幹部は私に説明した。レタスは村の主要産業として定着し、いまや出荷額は全国トップである。

一方で、労働力の確保はつねに農家の課題だった。レタスの出荷は夏季限定の短期決戦。繁忙期は多くの人手が必要で、1990年代までは学生のアルバイトが主力だった。人手不足に悩む農家は学生への給与を競うように上げたため、日給は1万円を超えた。三度の食事も提供した。「もう、至れり尽くせり。人件費だけで経費の半分を超えた」と前出の農家は振り返る。だがそれでも人が集まらない。しかも学生はきつい仕事に嫌気が差すと、何のあいさつもなしに消える。人件費高騰も進み、農家の負担は増すばかりだったという。

２００３年、村は初めて中国から実習生を受け入れる。

「実によく働くんでびっくりした。日本人の学生と違って、実習生はつらい作業でも音《ね》を上げない。しかも自炊を好む彼らには、賄い飯も必要ない。農家も余計な雑務から解放されたんです。とてもじゃないが、日本人の学生を雇うことなど考えられなくなった」（同）

だが、その貴重な人材に対する人権侵害が明らかとなる。

２０１４年11月、日本弁護士連合会（日弁連）は同村実習生の監理団体である川上村農林業振興事業協同組合（現在は解散）に対し、人権救済と労働条件の改善を求める勧告を出した。日弁連の報告書には、村でおこなわれていたという数々の侵害事例が記されている。異常な長時間労働、残業代の過少計算、各種の罰金制度、「班長」と称する実習生のリーダーと農家が結託した恐怖支配、さらには外出時における赤い帽子着用という謎ルールの強制。

私も現地に取材に入ったが、当初は村当局も日弁連の勧告に対しては「まったくのでっち上げ」だと強く否定していた。

「通帳を預かったり、そろいの帽子を着用させたりしたのは事実ですが、いずれも実習生の安全を考えてのこと。罰金制度に至っては存在もしない」（当時の副村長）

だが、私が入手した実習生向けの「研修規則」には実際に、〈自転車に乗ったら2000円〉〈飲酒やけんかは3000円〉といった罰金額が明記されていた。取材した実習生からは「残業代が未払い」という証言もあった。

　協同組合の関係者にも話を聞いたが、「われわれも勉強不足だったかもしれない」と、日弁連の勧告に記された違反事例を否定しなかった。

国道沿いに立つ川上村の看板。レタス産地として知られる＝2018年３月

　レタス王国は、搾取と人権侵害によって、砂上の楼閣《ろうかく》を築いていたのである。

　その後、監理団体も替わり、村も労働環境を厳しく監視するようになった。班長制度や外出時の帽子着用義務も撤廃された。通帳の管理も実習生に任せている。賃金や各種手当の未払い、不当な長時間労働にも監理団体が目を光らせる。

一方、2020年以降はコロナ禍によって実習生の新規入国が厳しく制限されたことで、いまは人材不足に苦しんでいる。

「実習生が確保できないのであれば、とにかく在留資格が何であろうと、働き手を奪い合うような状況が続いています。いずれにせよ、頼りになるのは外国人しかいません」（前出の農家）

皮肉なものではないか。日本社会においていまだアウトサイダーの立ち位置を強いられ、差別と偏見の視線を向けられ、時に犯罪者予備軍のように扱われる外国人が、日本の地場産業を支えているのだ。

王国は、実習生の存在によって成り立っていた。

「おやつ代・5千円」

同じ風景を、私は関東でも目にしている。

茨城県の太平洋岸に位置する鉾田《ほこた》市。ある時、そこで前出の甄凱さんが実習生対象の相談会を開くというので取材に出かけた。同市もまた、農業に従事する実習生が多いことで知られる。

会場は海に近い民宿の一室だった。甄凱さんの到着と同時に民宿へ駆け込んできたのは、中国河北省出身の白金輝さん（33）だった。

白さんはあいさつもそこそこに、「これを見てくれ」と言いながらTシャツの襟首を手で下に引っ張り、左肩を露《あら》わにした。肩から鎖骨の部分にかけて20センチほどの傷が浮かんでいる。自転車で畑に出勤する途中で車にはねられて左肩を骨折。その時にできた傷だという。事故は車を運転した側の過失もあって、治療費と賠償金約80万円が白さんに支払われた。

問題はその後だ。入院治療が終わって職場である農家に復帰したが、治療直後ということもあり、しばらくは野菜の袋詰めなどの軽作業しかできなかった。すると農家の主人が「軽作業しかできない人間は必要ない」として、彼を解雇したのである。

「こんなことってありますか！」

白さんは泣きそうな表情で甄凱さんに訴えた。

「事故で体の自由が利かなくなったのは仕方ないことじゃないですか。しかもいまは完治して、重労働にだって耐えることができます。しかし農家は僕を解雇した後に新しい実習生を入れてしまったので、どこにも行くことができないんです」

農家と監理団体からは帰国を促されたが、白さんは拒否した。貯金もできていないのに実習半ばで帰るわけにはいかないのだ。

「日本に行くため、僕は中国の送り出し機関（人材輸出会社）に8万元（当時約100万円）の手数料と保証金を払っています。すべて借金で賄いました。これを返済しなければならないし、妻と2人の子どもも、僕が稼いで帰ってくるのを待っているんです。これで帰国だなんて納得できません」

帰国を拒否した白さんの扱いに困った監理団体は、とりあえず彼を「飼い殺し」にしているという。つまり仕事を与えることもせず、寮代わりの民宿だけを用意し、白さんを放置しているのだ。

交通事故の賠償金は仕送りと毎日の生活費で消えてしまい、手元に現金はほとんど残っていない状態だった。金がないので食事も1日1食に抑えている。米は高いので買わない。小麦粉を練って、フライパンで焼いたものが主食だ。空腹時は水を大量に飲んでしのぐ。おかげで来日時は90キロあった体重も、その時は70キロにまで減ってしまっていた。

毎日、何をして過ごしているの？　私がそう訊ねると、「海に行く」と白さんは答えた。

白さんは河北省の海沿いの村で育った。日本に来るまでは漁師をしていた。だから海を見ていると落ち着くのだという。

「日本の海は波が高い。色々な形の波があって、最初の頃は見ていても飽きなかった。でも、最近は何も思わなくなった」

それどころではないのだ。

「実習生になった意味がないですよ」

白さんは沈鬱《ちんうつ》な面持ちで何度も繰り返した。

そのあと、民宿を訪ねてきたのは、なんと、10人もの集団だった。やはり近くの農家で働く中国人実習生である。

10人の実習生が一部屋に集まり、甄凱さんを取り囲むように座った。24歳から32歳までの若者たちだ。全員が同じ監理団体によって農家に派遣されている。皆、仕事を終えたばかりだ。汗のにおいが部屋の中に充満した。

「残業代を法令通りに支払ってもらいたいんです」

そう口火を切ったのは山東省出身の張慶敏さん(27)だった。

配属された農家ではメロン、米、ニンジン、サツマイモなどをつくっている。

基本勤務時間は朝8時から夕方5時まで。しかし定時で終わることはめったにない。繁忙期になると夜9時まで出荷作業を続けることも珍しくない。

それでも時給は700円前後。しかも残業代に割り増しはなかった。通常、残業に関しては時給の125%が支払われなければならない。

「朝から晩まで重労働です。休憩時間だって、昼休みを除けば、午前と午後に15分程度の〝お茶の時間〟があるだけです」

しかも休日も定められていない。

「雨が強く降った日は作業が休みになりますが、それ以外はとにかく働かされる。有給休暇もありません」

彼は「これを見てください」と、手にしたノートを広げた。毎日の勤務時間がびっしりと書き込まれている。

「月に300時間は働いています。ほとんど休みもありません。法令通りの割増賃金や有給休暇が欲しいんです」

監理団体に訴えたこともあったが一蹴されたという。

「そうか、そうか、なるほど」

甄凱さんは聞き取った話をノートに書き込んでいた。

「これも見てほしい」

そう言いながら給与明細を広げたのは重慶出身の金友元さん(32)だ。

金さんが指さした部分を凝視した。控除欄の中に、家賃や水光熱費と並んで、「おやつ代・5千円」と記されている。

「なんですか、これ?」

甄凱さんの問いかけに、全員が「お菓子、お菓子」と口をそろえる。

代表して金さんが説明した。

「休憩時間に煎餅《せんべい》などの菓子が、おやつとして出るんです。当初、農家の厚意で出してもらえていると思ったのですが、しっかり給与から実費を差し引かれていました。そもそも、おやつに5千円もかかるのでしょうか?」

甄凱さんも首をひねった。

「結局、労働者として認められていない」

「人間扱いされてないんじゃないか」

それぞれが口々に不満を訴えた。そして、やはり「日本に裏切られた」と声をそろえたのだ。渡日前、中国の送り出し機関は、「日本で高度な農業技術を学ぶことができる」と説明していた。だが、日々の労働の中で「技術」を意識することはほとんどない。収穫、出荷、雑務、その繰り返しだ。国際交流だの技術移転だの、そうした建前はすでに破綻していた。働く側も、働かせる側も、そんなことを考える余裕がない。

その翌日、私は実習生を雇用している農家を回った。誰もが「実習生がいなければ地域の農業は崩壊する」と私に訴えた。

労働環境の問題を指摘すると、ある農家は「じゃあ、いったい、誰が農家を守ってくれるんですか?」と怒気《どき》を含んだ声で私に詰め寄った。

「日本人の労働力なんて、何もあてにできない。働いてくれる人なんてどこにも見つからない。息子や孫だって農家に興味を持っていないんだから、実習生がいなければ、やっていけないんだよ」

この農家は実習生を雇用するまでは市のシルバー人材センターに依頼して、高齢者を雇っていたという。

「農家の老いた夫婦と、80過ぎのばあさんだけで、やってきたんだよ。実習生を雇用できなければ、農地なんてとっくに荒れ果てていたはずだ」

ならばもっと実習生を人間として――と言いかけると、制するように答えが返ってきた。

「ギリギリの状態でやってるんです。それ以上は監理団体に聞いてください」

ちなみに監理団体には何度も取材を申し込んだが、一切の回答はなかった。

ビニールハウスの群れと、どこまでも続く緑の農地を視野に収めながら、私は複雑な気持ちになった。これこそ典型的な日本の風景だ。日本そのものだ。

その日本が、日本の地場産業が、低賃金で働く外国人実習生によって「生かされている」。外国人によって日本の風景が守られている。そう、日本の田園風景が「ギリギリの状態」で維持できているのも、実習生の労働力があればこその話なのだ。

追い込まれた末の「孤立出産」

2022年1月19日――福岡高裁はベトナム人技能実習生のレー・ティ・トゥイ・リンさん（23）に対し、懲役3月《げつ》、執行猶予2年の有罪判決を言い渡した。問われたのは「死体遺棄罪」である。

菜津紀さんとの対談（6章）の中でも触れるこの事件について、詳述してみたい。

リンさんは2018年8月に実習生として来日、熊本県内のミカン農家に就労した。出国費用として150万円の借金をしていた。これを返済し、さらにはベトナムでの暮らしを少しでも豊かなものにしたいと考え、農家では休みも満足にとることなく懸命に働いた。

自身の妊娠に気がついたのは、それから1年半後のことだった。おなかの子どもは来日してから交際したパートナーとの間にできたものだ。

リンさんは予期せぬ妊娠に悩み、苦しんだ。誰にも相談できなかった。妊娠したことが雇用主や監理団体に知られたら、強制的にベトナムへ送り返されると思ったからだ。たったひとりで、途方に暮れるしかなかった。

2020年11月15日、自室で双子の赤ちゃんを産んだ。死産だった。約8カ月の早産だったことが原因だと推察される。

その時の気持ちを、リンさんは裁判で次のように証言している。

「動揺して頭の中が真っ白になった。具体的に何をしていいのかわからなかった。ただ、元気になったらきちんと埋葬しようとは思っていた」

動揺するのは当然だ。出産の痛みと死産のショックが重なったのだ。しかも異国の地での孤立出産である。

肉体的、精神的に疲弊した状態ではあったが、リンさんは、とにかく自分なりに死んだ子どもたちを弔わなければいけないと考えた。

まず、双子の遺体をタオルで包んだ。それぞれ名前をつけて、便箋《びんせん》に「ごめんね」「安らかに」など弔いの言葉を記した。それらを箱に納め、テープで封をしたうえで、自室の棚の上に安置した。リンさんは遺体と一緒に一晩を過ごした。

翌日、雇用主に連れていかれた病院で、リンさんは出産したことを打ち明ける。医師が警察に通報したことで、リンさんは死体遺棄容疑で逮捕されたのであった。

考えてもみてほしい。リンさんが出産してから逮捕されるまで、約30時間である。しかも弔いの言葉まで添えて部屋の中に安置していた。これのどこが「死体遺棄」なのであろうか。

「死体遺棄罪」(刑法190条)とは、「死体、遺骨、遺髪又は棺に納めてある物を損壊し、遺棄し、又は領得」の行為が問われるものだ。「死者に対する追悼、敬虔の感情という社会秩序を乱した」ことにより、3年以下の懲役が定められている。

「死体遺棄」の典型として連想されるのは、例えば人を殺害し、その遺体を山中などに埋めるといった行為だ。だが、リンさんは遺体をどこかに移動させたわけでもなく、一晩ずっと寄り添っている。しかもただ放置したわけでもなく、リンさんなりの葬祭行為もおこなっている。

だからこそ、「こうのとりのゆりかご（通称・赤ちゃんポスト）」の運営で知られる慈恵《じけい》病院（熊本市）の蓮田健《たけし》院長は、裁判所に提出した意見書で次のように記した。

〈孤立出産で心身ともに疲弊しているにも関わらず、嬰児を埋葬する準備をしたリン氏の行為は優秀の域にある。この行為が罪に問われるとなれば、孤立出産に伴う死産ケースのほとんどが犯罪と見なされてしまいかねない〉

リンさんはけっして赤ちゃんを捨てたわけではないのだ。

だが、一審の熊本地裁は「死産を隠したまま私的に埋葬したのは、国民の一般的な宗教感情を害することは明らかである」として、懲役8月、執行猶予3年の判決を言い渡した。

二審の福岡高裁は「放置したわけではない」として一審判決を破棄したが、箱に納めた行為が「隠匿《いんとく》」に当たるとして、やはり有罪判決を下したのである。

孤立出産を「犯罪」とみなす警察や司法の問題と同時に、この一件から浮かび上がってくるのは「妊娠を誰にも告げることができなかった」という実習生の置かれた環境だ。リンさんは帰国を迫られることを恐れていた。実際、妊娠を理由とした解雇、強制帰国といった事例がこれまでにも相次いでいるからだ。

実習生と関係機関による契約書に、堂々と「妊娠禁止」の項目が設けられているケースもある。

私が過去に愛知県の縫製会社で働く実習生から入手した就業規則を記した書面には、ストライキや携帯電話の所持を禁止する項目と並び、次のような文言が記されていた。

〈研修期間は誰とも（外国人も同国人も含む）同居や結婚、妊娠を引き起こす行為をしてはならない〉

そんな権限を振り回すことじたいが恥ずかしくないのか。私は憤《いきどお》り以前に呆《あき》れるしかなかった。

福井県で取材した中国人の女性実習生も、「男女交際」を理由に強制帰国を迫られた。実習期間中、たまたま知り合った在日中国人男性と恋愛し、数回の外泊をしたことが問題視されたのである。

彼女は監理団体の担当者に呼び出され、詰問《きつもん》された。

——外泊をしたでしょう?

「はい。彼の家に泊まりました」

——男性と交際し、外泊するのは規則違反だって知っていますね? あなたは悪いことをしていると知っていながら外泊したの?

こうしたやりとりが数人の男性の前でおこなわれ、「プライバシーが丸裸にされたような気持ちになって、その場から逃げ出したかった」と彼女は私の取材に答えている。

彼女が私に見せてくれた雇用契約書にも、おそろしく気持ちを滅入らせるような言葉が並んでいた。一部を引用する。


〈・日本側の会社の許可を取らず、勝手に外出し情状酌量の余地なき者は即刻強制帰国、併せ賠償違約金50万円。
・期間中に恋愛をした者には先ず警告処分を与え、勧告を聞き入れない者には違約金20万円を収めさせ、第二回目の賠償違約金は50万円、併せ即刻強制帰国。
・期間中に妊娠した者は罰金80万円、即強制帰国、往復の航空運賃を自己負担する〉

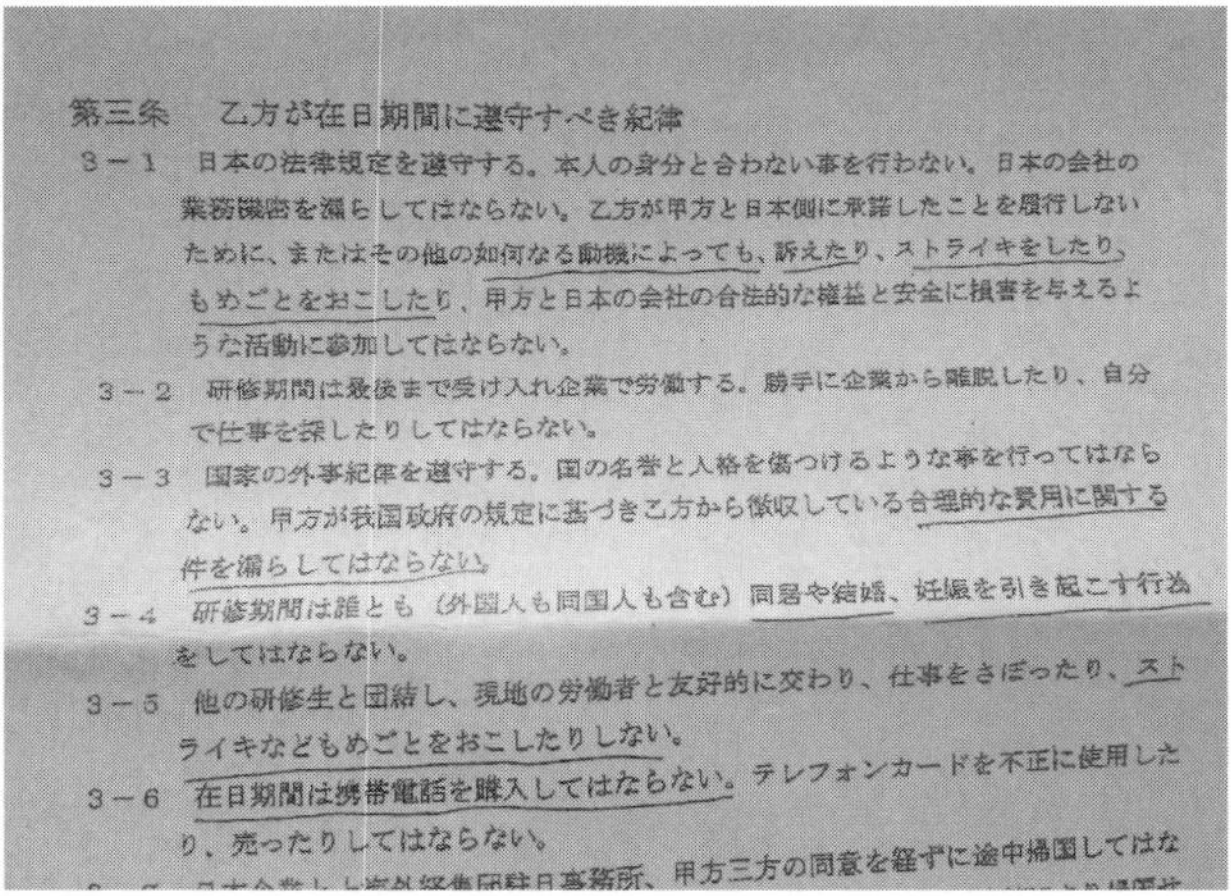

第三条　乙方が在日期間に遵守すべき紀律

3－1　日本の法律規定を遵守する。本人の身分と合わない事を行わない。日本の会社の業務機密を漏らしてはならない。乙方が甲方と日本側に承諾したことを履行しないために、またはその他の如何なる動機によっても、訴えたり、ストライキをしたり、もめごとをおこしたり、甲方と日本の会社の合法的な権益と安全に損害を与えるような活動に参加してはならない。

3－2　研修期間は最後まで受け入れ企業で労働する。勝手に企業から離脱したり、自分で仕事を探したりしてはならない。

3－3　国家の外事紀律を遵守する。国の名誉と人格を傷つけるような事を行ってはならない。甲方が我国政府の規定に基づき乙方から徴収している合理的な費用に関する件を漏らしてはならない。

3－4　研修期間は誰とも（外国人も同国人も含む）同居や結婚、妊娠を引き起こす行為をしてはならない。

3－5　他の研修生と団結し、現地の労働者と友好的に交わり、仕事をさぼったり、ストライキなどもめごとをおこしたりしない。

3－6　在日期間は携帯電話を購入してはならない。テレフォンカードを不正に使用したり、売ったりしてはならない。

甲方三方の同意を経ずに途中帰国してはな

「妊娠を引き起こす行為をしてはならない」と書かれた就業規則

馬鹿馬鹿しいにもほどがあろう。中学生ならばともかく、実習生はすべてれっきとした成人だ。外泊も恋愛も、あるいは妊娠にしても、すべては自己責任の問題ではないか。しかもこうした契約書は実習生に詳しく中身を説明することもなく、なかば強制的にサインさせるといった乱暴な手法がまかり通っていた。実際、彼女も外泊を問題視された時に初めて「恋愛禁止条項」を知ったのである。

ちなみに彼女は監理団体職員に無理やり空港に連れていかれ、中国行きの飛行機に乗せられそうになるが、事前に相談していた外国人支援団体に出国ゲートの手前で救出され、どうにか帰国を免《まぬか》れることはできた。

言うまでもないが、恋愛も妊娠も、禁ずる

側こそが人権侵害で問われなければおかしい。ましてやそれを理由とした解雇など、労働法では認められていない。

だが、実習生が働く場所に、常識は腰を下ろさない。リンさんはそのことを知っている。だからこそ恐れた。借金を抱えて渡日したのに、期間満了前に帰されてしまえば、その後の人生はどうなるのか。

孤立出産に導いたのは、まぎれもなくこうした労働環境をつくり出した側である。

罪に問うことのおかしさ

リンさんは無罪を勝ち取るために最高裁に上告した。

リンさん弁護団の石黒大貴《ひろき》弁護士は、「本来、こうした孤立出産をせざるを得ない女性は、刑事罰ではなく社会福祉によって救済されるべき」だと話す。

「死産直後のリンさんの行為は、わが子への愛情をもって、丁寧にとりおこなわれている。子どもを捨ててもいないし、逃げ去ってもいない。罪に問うことじたいがおかしいのです」

同時に外国人の技能実習生に対する差別、婚姻外で孤立出産する女性への差別も見え隠れする。

リンさんは被害者以外のなにものでもないはずだ。

2022年4月10日、支援団体が東京都内で主催した集会に、リンさんはオンラインで参加。「有罪判決には納得できない」としたうえで、その理由を次のように訴えた。やや長いが、そのままに記したい。

「私は絶対に子どもたちの体を傷つけたり、捨てたり、隠したりはしていません。事件当日は精神的にも肉体的にも非常に苦しかったです。しかし、私は子どもたちのためにできる限りのことをしようとしていました。母親の愛情で、血まみれの布団の上で子どもたちを冷たくさせることはできませんでした。私は丁寧に茶色の箱に白いタオルを敷いて、二人の子どもを寝かせ、青いタオルを子どもたちにかぶせました。

その日はとても寒い日でしたので、子どもたちが寒くないように、もう少し大きな白い箱の中に入れて、棺のようにセロハンテープで留めました。そして、ドア近くにある低い棚の上に安置しました。そこが部屋の中で一番ふさわしい場所でした。

ベトナムでは、棺桶《かんおけ》をドアの近くにおいて、人々がご遺体を訪問する習慣があります。子どもたちが安らかに天国で元気に暮らせることを願って、子どもたちに手紙を書きました。

私は、妊娠と死産について会社と組合（※監理団体のこと）に言えませんでした。会社で2年以上働いている間、私は差別され、しばしばひどく叱られました。そして、社長が、警察の取り調べの報告に書かれている『妊娠について何度も私に尋ねた』というのは真実ではありません。また、組合は、日本で妊娠して出産しても不利益を受けないことについて、技能実習生である私に何も言いませんでした。さらに、私は何度も組合に有給休暇を求めましたが、『あなたたちは外国人なので、会社側は有給休暇を出しません』と言われ、有給休暇はもらえませんでした。私は組合から何の助けも得られませんでした。そのような会社と組合を、私は非常に恐れていました。私は、妊娠がわかると帰国させられることを恐れていました。

2020年11月16日、病院で、私の周りに立っているのは、医師、看護師、会社の人々と組合の人々、約10人で、みんなの前で質問されました。とても怖くて混乱していて、自分が何を言っているのかわかりませんでした。私は非常に厳しい状況に置かれ、怖くて、夕方まで妊娠や死産したことを話せませんでした。

私は外国人技能実習生だから、私の行動は有罪とされたのではないですか？　もし私が日本人だったら、おそらく起訴されず、裁判にかけられなかったと思います。それでは、裁判所は、外国人を差別していることになりませんか。

私の行為が有罪になったら、孤立出産したケースで母親の運命は、今後どうなりますか？　私たちに必要なのは、警察による逮捕や起訴、裁判ではなく、肉体的な治療と精神的なケア、死産の場合に対処するためのガイダンスや保護です。

私の願いは最高裁判所が、無罪判決を言い渡すことです。今後ともよろしくお願いいたします。私の話を聞いてくれた皆さんへ、こころより感謝申し上げます」

1万円の性的虐待

ちなみに女性実習生特有のもうひとつの問題として、セクシュアルハラスメントを挙げることもできる。この問題もまた、一般の事例と同じく、声をあげにくい事情もあることから、表面化するのはごく一部に過ぎない。

だが、取材の過程で私は何度も経営者側の地位を利用した悪質なセクハラを耳にしている。

下半身むきだしにした経営者が、女性実習生に迫る動画を目にしたことがある。被害女性が逃げ込んだ布団の中からこっそり撮影したものだ。これは都内の労働組合に持ち込まれ、一時は警察へ届け出ようという話になったが、結局、女性が表ざたになることを拒んだ。それ以上の被害がなかったことと、やはり強制帰国を恐れてのことだった。

私が過去に取材したケースにも触れておこう。

セクハラ被害を訴えたのは、関東地方の農場で働いていた女性実習生だ。ある晩、経営者が彼女の部屋を訪ね、からだを摺《す》り寄せてきた。彼女は抵抗したが、結果として暴行されてしまった。泣きじゃくる彼女に対し、経営者は「ないしょ、ないしょ」と言いながら1万円札を差し出した。

その後も、経営者は性的虐待を繰り返した。行為を終えるたびに、1万円を枕元に置いた。彼女が警察に届け出なかったのは、強制帰国を恐れたからである。

ちなみに、この経営者は地域の有力者でもあった。地元自治体の議員を長く務め、警察にも知り合いが多かった。女性は、被害を訴えても、もみ消されてしまうに違いないと思い込んでいた。

だが、やはり彼女は性的虐待に耐え続けることはできなかった。ある晩、彼女は逃げ出した。最終的に都内のシェルターにたどり着き、実習生の労働問題に取り組んでいる全統一労働組合(本部・東京)に保護された。

私は彼女が保護された直後、経営者を訪ねて取材している。私との間では次のようなやりとりがあった。

——実習生を暴行したのは本当か。

「冗談じゃない。嘘《うそ》だ」

——では、何もなかったというのか。

「関係があったことは認める。しかし暴行でも虐待でもない」

——女性は襲われたと主張している。

「逆だ。襲われたのは私だ」

――そんなことがあり得るのか。

「そうだ。彼女が勝手にやったことだ」

――あなたは行為の後にカネを渡しているではないか。

「うちの仕事は残業がないから、かわいそうだと思ってカネを渡した」

――女性はなぜ、あなたの元から逃げたのか。

「知らない」

いま思い出しても腹立たしくなるようなやりとりだった。

この経営者が地元自治体の議員を辞職したというニュースが流れたのは、その直後だった。辞職理由は、実習生とはまったく別の問題であった。

議会の政務調査旅行に同行した女性添乗員に対し、宴会の場で抱きつくなどのセクハラ行為をしたことが、テレビ局の取材で明るみに出たのである。もちろん実習生に対する行為も、全統一労組と弁護士の協力によって、謝罪と損害賠償が認められたのは言うまでもない。

しかし前述したように、こうして「解決」に至る事例など、おそらくはわずかな数に違いない。

私は中国・ハルビンで、日本人の通訳をしている地元男性から、こんな話を聞かされたことがある。彼は、監理団体による中国出張でも通訳を頼まれることが少なくない。

「監理団体と企業経営者が一緒に、実習生の品定めをするようなツアーがあるんですよ。彼らは大概《たいがい》、酒の席になると『女性を世話しろ』と要求してくる。ひとりで勝手に〝買う〟のであればまだしも、集団ですからね、目立って仕方ない。こうした人たちの元へ送られた女性実習生はどうなってしまうのかと、うんざりした気持ちになりますよ」

人権どころか人格すら貶《おとし》められる。

技能実習制度のほころびからは、アジア人女性への差別と蔑視《べっし》があぶり出される。

〝ビジネス〟の道具にされる実習生

中国・北京の「中日研修生協力機構」。私がここを甄凱さんと一緒に訪ねたのは2009年だった。日本に労働者を送り込む、送り出し機関の元締めである。れっきとした政府関連団体だ。

私たちと向き合った広報担当者は、実習制度の問題点を話す私を「もういい」とばかりに制して、声を荒らげた。

「いったい、何が問題だというのか。中国には中国のルールがあり、日本には日本のルールがあるのだろう。日本の経営者は実際、喜んでいるじゃないか」

私は話を続けた。労働法違反が目に余る、送り出し国としても責任を果たすべきではないのか――。

するど、担当者は手にしたシステム手帳を机にたたきつけ、怒鳴り声をあげた。

「もういい！　帰ってくれ！」

まったく話にならなかった。

別の機会に山東省煙台の送り出し機関を訪ねたこともある。この送り出し機関は実習生の給与から毎月1万円の管理費を徴収していたばかりか、渡日前には高額な保証金も支払わせていた。

担当者にそのことを告げ、問題があるのではないかと指摘すると、やはり返ってきたのは罵《ば》声《せい》だった。

「我々は福祉機関じゃない！　ビジネスをやっているのだ。お前はビジネスを邪魔するためにわざわざ日本から来たのか？」

それでも私が「人権問題」だと言い添えると、担当者はさらに激高した。

「じゃあ、我々の人権はどうなるのだ。お前はビジネスする人間に人権はないというのか。いますぐ内政干渉をやめろ！」

すがすがしいくらいに話がかみ合わなかった。それ以上に、社会主義を自称する国の政府関連機関の職員が「ビジネス」を連呼することが興味深かった。

そう、実習生の送り出しは完全に「ビジネス」なのである。日本政府が喧伝《けんでん》する「国際交流」や「技術移転」など、建前としても聞かされることはなかった。そのぶん、中国側のほうが正直だったのかもしれない。

しかし、こうした送り出し機関に集められた実習生こそ、被害者だ。

送り出し機関は多くのブローカーを抱えている。ブローカーは中国全土、なかでも貧しい農村地帯をまわり、実習生希望者を集め、面接したうえで送り出し機関に引き渡す。

四川省出身の男性実習生は、ブローカーとの面接の様子をこう語った。

「彼ら（ブローカー）は頑張って働けば家を買うくらいの金がたまるのだと、おいしいことしか話しません。そのうえで保証金や手数料を借金してでも賄えと指示し、最後に『手のひらを見せろ』と言いました」

彼が黙って手のひらを差し出すと、ブローカーはそこに軽く触れてから「農民の手だな。よし、合格だ。多少の苦労には耐えることができるだろう」と告げた。

すべてがそんな面接でもないだろうが、重視されるのが忍耐強さであることは間違いない。

河南省にある実習生養成学校「新県渉外職業技術学院」を取材した際も、地元共産党支部の代表も務める校長は、「日本で働くために必要なのは努力と根性だ」と私に豪語し、「常にどうしたら経営者に喜んでもらえる労働者を送り込むことができるのか、我々も考えている」と付け加えた。

労働者よりも経営者の「喜び」を重視するのが、いまの中国である。

それはいまや実習生の最大の送り出し国となったベトナムでも同じだ。

現地での取材を重ねるジャーナリストの巣内《すない》尚子さんは、著書『奴隷労働』（花伝社）で次のように記している。

〈ベトナム人が日本や台湾、韓国など、海外に移住労働に出る際には、各種の手続きを代行するとともに、企業や雇用主とのマッチングや面接の機会を提供する、一般に「送り出し機関」と呼ばれる仲介会社を利用することが一般的だ〉

巣内さんはハノイ郊外にある送り出し機関の代表に取材している。30代前半の代表は、この業務を始めた理由を「移住労働者の海外への送り出しが今後大きなビジネスになる」と踏んだからだと説明した。

やはり実習制度は「ビジネス」なのだ。

そして、ベトナムの送り出し機関もまた、高額な手数料や保証金を徴収することから、借金

中国の実習生送り出し機関が運営する学校。日本語教育を受ける実習生予備軍は、ここで「努力や根性」を学ぶ＝2010年９月

同じく、実習生予備軍の女性がミシンの技術を学んでいるところ＝2010年９月

まみれで渡日する若者が後を絶たない。

ちなみに、現在の技能実習制度においては、実習生が出身国の送り出し機関から保証金など多額な費用を徴収されることは「不当な搾取」だとして禁止されている。場合によっては入管が当該実習生の入国申請を拒否することもある。

だが、送り出し機関の末端で活動しているブローカーが独自に実習生から徴収しているケースも少なくない。この場合、外形的には送り出し機関が保証金契約に関わっていないことにもなるため（実際には黙認という形であったとしても）、実態はつかみにくい。

どれだけ制度改正を繰り返しても、実習生がビジネスの道具である実情は変わらないのだ。

「ともに生きる」ために

「ウチの子たち」――。実習生問題を取材していると、こうした言葉を口にする経営者と出会うことが多い。自分が雇用している実習生を「子ども」のように思っている、という意味合いで用いられる。経営者を「お父さん、お母さん」と実習生に呼ばせているケースも少なくなかった。

問題が生じる。実習生たちが抗議して騒ぎとなる。取材に向かう。私が経営者に説明を求めると、こんな言葉が返ってくる。

「家族同然に扱ってきたのに」「わが子のように大事にしてきた」

そのたびに私は「実習生はあなたの家族となるために日本に来たわけではないと思いますよ」と応じる。

実習生の多くは、出身国に残した家族を養うために働いている。新しい家族を欲《ほっ》しているわけではない。

そもそも、「わが子同然に大事にしている」のであれば、低賃金労働を強いるであろうか。ましてやパワハラ、セクハラなど、簡単に起きるわけがないはずだ。

なかには本当に実習生を「わが子同然」に思っている経営者だっているかもしれない。「社長はまるで両親のように優しくしてくれる」と話してくれた実習生もいなかったわけじゃない。

だが、「ウチの子」といった物言いは、やはり危うい。

実習生が労働者であるといった前提が崩れることになる。過酷《かこく》な労働環境も「家族なのだから我慢しろ」といった文脈にすり替えられるおそれがある。

実習生が、弱い立場にあるかわいそうな外国人、という立ち位置に置かれるのは間違っている。本来、経営者と労働者は対等でなければならない。それが正常な労使関係というものだ。だが、疑似家族を演出することで、あるべき労使関係は、支配・服従の関係に変質する。現行の実習制度は、そうした家父長《かふちょう》的な優越意識と搾取のシステムを経営者に与えやすい。

そこに外国人差別の問題が重なる。

対談（6章）でも話題となったが、2022年1月、岡山県の建設会社で、ベトナム人技能実習生の男性が日本人従業員から執拗《しつよう》に暴行を受けていたことが発覚した。男性が暴行されている様子は動画に収められ、ネット上に広まった。

気持ちが妙にささくれ立ったのは、そこに「笑い」が含まれていたからだ。日本人従業員は笑いながら暴行を働く。その様子を見ている周囲の日本人たちも笑う。暴力は笑いの中で進行する。実習生の「やめて」という悲痛な叫びは、笑い声にかき消される。その醜《しゅう》悪《あく》な笑いは、自らの優越性を自覚しなければけっして発せられることはないものだ。

実習制度はこうした「格差」と「差別」をいとも簡単につくりあげる。それは、労働者から労働者性を奪い、人格や人権までをも剥奪《はくだつ》する制度であるからだ。

2021年に発表された厚労省の「外国人技能実習生の実習実施者に対する令和2年の監督指導、送検等の状況」によると、全国の労働基準監督機関が監督指導した実習生受け入れ企業のうち、約70％（5752件）で労働基準法令違反が認められたという。

ちなみに技能実習の適正な実施や実習生の保護を定める技能実習法が施行された2017年の違反件数は4226件。なんと1・3倍以上に増加している。事態はより悪化しているのだ。

こうした状況を受けて、2022年4月15日、日弁連は技能実習制度を廃止するよう求める意見書を公表、政府や関係官庁に提出した（同月25日付）。意見書では「問題事例は後を絶たない」「悪質な人権侵害の温床となっている」と実習制度を強く批判。もはや「制度の適正化や運用の見直しによっては解決できない」として、「直ちに廃止すべきである」と強く迫った。

長きにわたり実習生の支援を続けてきた人々の間でも実習制度の廃止を求める声は強い。前出、移住連の鳥井一平さんは「即座に実習制度を廃止し、国が責任をもって外国人労働者を受け入れるシステムに変えるべきだ」と主張する。そうすることでブローカーなどの中間搾取者を排除することも可能となるからだ。透明性も確保され、労働者としての権利もいま以上に明確化される。

ちなみに鳥井さんは2013年、米国国務省から「人身売買と闘うヒーロー」として表彰された。様々な困難を抱えた実習生のために奔走してきた実績が評価されたのだ。また、同じく実習生の側に立ち、数多くの裁判に関わってきた弁護士の指宿昭一さんも2021年、「外国人労働者の権利を守る不屈の擁護者」と評価され、やはり同省から「ヒーロー」として表彰を受けた。

実習制度が国際的には時代遅れの「人身売買」であることははっきりしている。だからこそ、制度と闘い続けてきた側こそが称賛されるのだ。

日本では移民労働に対する議論が喧《かまびす》しい。歪《ゆが》んだナショナリズムも相まって、移民排斥論を訴える者も少なくない。

「移民に日本が乗っ取られる」「移民によって日本が日本でなくなる」

こうした声はけっして小さなものでもない。

排外主義を活動方針に掲げる極《きょく》右団体の代表は、私の取材に対して次のように答えた。

「これ以上、外国人を増やしたら日本の文化も伝統も破壊される」

いや、逆じゃないのかと言いたくなる。

いま、日本の田園風景は誰が守っているのか。地場産業、伝統産業を守っているのは誰なのか。実習生をはじめとする外国人ではないか。

そう、すでに私たちは外国人労働力なしでは、やっていけない社会で生きているのだ。

だからこそ——搾取と差別で機能している実習制度など、一日も早くなくすべきだと私は考える。

誰かの犠牲によって「生かされる」システムなど、存在してはならないのだ。

必要なのは、「ともに生きる」ためのシステムだ。

第6章
憎悪の向こう側にある風景

無自覚なメディアの存在

「不法滞在者」という言葉

浩一　先にも述べましたが、2021年はこれまでに例がないほど入管の問題が注目を集めました。しかし、死亡事件も虐待も、あるいは、その背景として存在する外国人政策も、いまになって問題が生じたわけではありません。戦後という時間に限定しても、一貫して人権は入管の門前で阻《はば》まれてきました。しかし、それでも、こうして議論の対象となったのはよかったと思っています。少なくとも、これまで以上に入管の内実が知れ渡るようにはなりました。

菜津紀　メディアの取り上げ方にもわずかながら変化を見ることができたと思います。もちろん取り上げればよいというわけではなく、なかには公権力の拡声器のような役割を果たすメディアが存在していることも事実です。一方で、例えばウィシュマさんが亡くなった事件を通して、その深刻な問題を理解した関係者もいたのではないでしょうか。

浩一　菜津紀さんはテレビの世界でも活躍されています。その〝現場感覚〟からも、ある種の変化は感じているということでしょうか。

菜津紀　例えば一部の番組では「不法滞在者」といった言葉を使わなくなりました。

浩一　確かに。

菜津紀　私たちがふだん用いることの多い「非正規滞在者」に言い換える傾向は強まったと思います。児玉晃一さん、指宿《いぶすき》昭一さんなど、これまで入管法の問題に真正面から取り組んできた弁護士がゲストとして呼ばれることも増えて、現場の意識が変わったのかもしれません。在留資格を持たない外国人を一律に「不法」と断じてしまうことで、それが差別の扇動にもつながってしまうという認識が、わずかに共有されてきたようにも思います。

メディアは何も特別な存在ではなく、社会の一部です。視聴者や出演者のまっとうな声によって、意識や認識のアップデートが促されることもあるんだと思います。メディアの側が社会から学ぶといった回路は確かに存在すると思います。

浩一　言葉だけの問題ではなく、どのような認識でその言葉が生み出されていくのか、そこが重要ですもんね。

菜津紀　少し前までは間違いなく「不法滞在者」という表現が当たり前のように用いられていました。社会の側がそうした認識を抱えていましたし、メディアもそれに疑問を感じることがなかった。もともとは〝入管側の言葉〟ですから、そこに疑いを持つことなく追認していたわけですよね。

浩一　言葉が大事だなあと思うのは、それを用いることによって、意識が形成されていくからですよね。在留期限を超過しただけで「犯罪者」の烙印《らくいん》が押されてしまう。内実がすっ飛ばされるわけです。だからこそ難民を犯罪者のように扱う風潮も一部には存在する。これまで、多くのメディアがそこに加担していた。要するに、メディアがお墨付きを与えていた。ふだんはメディア批判に血道をあげている者たちも含め、外国人に関しては容赦なく排他の合唱に加わっていく。

菜津紀　言葉だけでこれまでの誤った認識がひっくり返るわけではありませんが、せめてワーディングの変化が問題意識にまで発展するかどうか、といった点は注視しています。最近は入管法や外国人の人権問題に取り組んでいる弁護士さん自ら情報発信することも増えてきましたし、メディア向けの学習会も盛んにおこなわれるようになりました。そうした影響はとても大きいと思います。

浩一　朝の情報番組などで菜津紀さんがコメントされる役割も大きかったと思いますよ。なんて言ったらいいのかなあ、例えばテーマのひとつが外国人に対する偏見を煽《あお》りかねないものだった時に、菜津紀さんの存在そのものが、ある種の歯止めとして機能しているような場面もありました。

菜津紀　どこまで抵抗できているかどうかは自分でもわからないのですが、少なくとも黙認はしません。偏見や差別を視聴者に植え付けるようなことに加担したくはありませんから。

「外国人＝犯罪者」の決めつけ

浩一　番組側が意図する流れに与《くみ》したくない場合、どうされるのでしょう。事前にネタの相談などはあるのですよね？

菜津紀　番組の詳細は放送当日まで知らされないことが多いのですが、概《おおむ》ねこうした流れですよ、といった構成は事前に渡されます。

浩一　ざっくりしたものですよね。見出しにもならないような項目しか書かれていない感じの……。どのような視点で、何を素材にしたものなのかは、当日までわかりませんよね。

菜津紀　例えば一昨年（20年）、北関東で養豚場から豚が相次いで盗まれるといった事件がありましたよね。これに関して、まだ犯人が逮捕されていない段階で、番組が特集を組むことになりました。

浩一　菜津紀さんがコメンテーターとして出演している「サンデーモーニング」（TBS系列）ですよね。どんな特集だったのですか？

菜津紀　事件の内実は、盗んだ動物の遺伝子を海外流出させる目的だった可能性があるのではないか、ということから、〝日本ブランド〟であるシャインマスカットなどが、中国、韓国に流出している、という内容につなげるものでした。

私のほうからも、まだ犯人もつかまっていない段階で、そうした報じ方をするのは危険ではないかと伝えました。具体的な証拠があるわけでもない。そうしたなかで「隣国など、外国勢力が関与している疑い」をにおわせる映像が独り歩きし、結果として差別の扇動になってしまうのではないかと生放送前に告げたんです。相当に抵抗はしたつもりです。

浩一　結局、その話題は報じられたのでしょうか？

菜津紀　報じました。私以外にも「断定的な報じ方はしないほうがいい」と事前に強調した出演者がいたこともあり、「まだ本当のことはわからない」といった抑制的なナレーションが入りましたが、結果的に何を言いたいのかよくわからない映像になっていたと思います。

浩一　事実はその後、明らかになるわけですが、結論から言えば遺伝子云々《うんぬん》は関係なく、生活に困窮した技能実習生が豚の売買に関わり、自分たちも空腹のあまり一部を食べてしまった、ということですよね。この事件ではベトナム国籍の技能実習生4人が「と畜場法」違反容疑で逮捕されましたが、後に全員が不起訴処分となりました。

菜津紀　結果的に〝外国人が犯行に及んだ〟ということに変わりはなかったわけですが、事実確認できていない状態で不安を煽ることには、やはり抑制的であってほしいと思うんです。ただでさえ差別的な視線を向けられている外国人が、その属性だけで犯罪者、犯罪者予備軍のように見られてしまうことにもなりかねません。

浩一　本当にそう思います。そもそも日本における犯罪のほとんどは日本人によるものですが、「日本人は危険」だという話にはならない。ところが外国人が犯罪に関わると、容易に「外国人＝犯罪者」といった図式が肯定されてしまう空気があります。

菜津紀　私は四六時中テレビを見ているわけではありませんし、特別に業界事情に詳しいわけでもないのですが、不確かな要素をかき集め、まことしやかなストーリーをつくりあげる手法は、それほど珍しいものではないと思っています。リベラルだと一般的に評価されている番組であってもそうなのですから、もっとひどい事例があることは想像に難くない。

嫌韓番組は〝愛情〟？

浩一　外国人を安易に犯罪者と決めつけてしまうことに無自覚な制作者もいるし、それどころか自覚的に差別を煽っている制作者もいますしね。

正当な批判ならばまだしも、それこそ検証不可能、裏取りできない素材をかき集め、やみくもに韓国や北朝鮮を叩《たた》く番組も珍しくない。これは活字メディアも同様ですが、そうすることで一定程度の数字を取ることができると考えているわけです。人々の関心ではなく、感情を刺激させる手法ですよね。

菜津紀　韓国や北朝鮮の政治問題を冷静に分析していくというよりも、最初から〝上から目線〟、見下すような視線をそこに向けていることもありますよね。時には隣国出身のスポーツ選手や芸能人にまで、中傷が向くような伝え方をしたり、不当に揶揄《やゆ》するような報じ方をしたり。そこから生じる被害を想像できず、むしろ深刻な被害を被害と感じ取ることができていない関係者も少なくないような気もします。

浩一　先ほどの遺伝子の話もそうですが、結局、手っ取り早いターゲットとして矢面《やおもて》に立たされるのは、顔をさらしているスポーツ選手であったり、あるいは日本国内に住む外国籍市民だったりする。

菜津紀　意図がどうあれ、これまでだって結果として差別や偏見が、一般市民に向けられてきたのですよね。

いや、一般の人を攻撃する意図はないのだという反論もあるだろうけれど……。

浩一　視聴率や部数などの数字を優先することによって、その結果、例えば日本国内に住んでいる朝鮮半島ルーツの人々がどんな思いをするのか、もしかしてヘイトクライムに襲われるんじゃないかっていう想像力は働かない。そもそも質の悪いメディアだと、ネットで材料を拾い、そこに「識者」のカギカッコを加えるだけだったりしますからね。

菜津紀　嫌韓番組、嫌韓記事の典型。取材をしていないからこそ、あえて勢いをつける。ものすごく安直なつくりです。

浩一　僕も、ごくたまにテレビ局に呼ばれて記者研修の講師を任されることもあるのですが、外国人差別の問題などに言及すると、時にとんでもない反応に驚かされることがあります。

菜津紀　概ね、想像はできます。

浩一　例えば、僕はいわゆる嫌韓番組の批判をするわけです。韓国批判の文脈で、人種的特徴みたいな話を持ち出したりするのは、おかしいのではないかと。韓国人とはこういうものだ、といった非科学的な文脈はヘイトスピーチの資源になるし、いや、それじたいが差別そのものだと訴えるのですが、やはり一部の人には通じない。ある局では制作担当の方から「韓国批判は、隣国に対する愛情みたいなものなのに、そこを理解してもらえないのか」といった反論がありました。

菜津紀　愛情……。

浩一　そうらしいのですよ。それこそ、どんな意図があろうと、結果として差別となるのであれば、それは作り手としては失敗ですし、ヘイトスピーチを煽ったことになるのだと再反論するのですが、どうしてもわかってもらえない。講師役としての力量不足もあるのだけれど、でも、実際、番組をどう凝視したところで愛情なんて伝わってこないわけです。

菜津紀　これまたＤＶ加害者の発想と同じですよね。愛さえ持ち出せば何かが正当化されるみたいな勘違いそのものが……。いや、DVですよ、本当に。その構造そのものが。ぞっとします。

浩一 それを自信満々に語るのですからね。正直、こうした局面で愛を語られたところで、何も感じない。いや、愛なんてどうでもいい。問題は差別があったという事実です。

しかも、あちらは差別の自覚がまるでない。愛もあるし、マイノリティの友人だっているんだと……。

菜津紀 「アイ・ハブ・ブラックフレンド」と言いながら、黒人差別を正当化する時の理屈ですね。「友達がいる」がいまだ免罪符として機能している。

浩一 まさにそれ。DV加害者だって、それこそ愛情を理由に暴力を肯定しますよね。

「ひろしまタイムライン」問題

菜津紀 その話の流れで言及したいのですが、2020年に「ひろしまタイムライン」をめぐる問題がありましたよね。「日本が戦争をしていた1945年にもしSNSがあったら」という設定でNHK広島放送局が企画したものですが、アカウントの一人、「シュン」による複数のツイートが問題視されました。〈朝鮮人だ!!〉〈怒鳴りながら超満員の列車の窓という窓を叩き割っていく〉と、「横暴な振る舞いをした朝鮮人」という文脈で、それを何の注釈もなくツイッターに書き込んでいました。

浩一　当時の朝鮮人が置かれた状況について何の説明もありませんでしたし、あまりに一方的なものでした。当然、人種差別を呼び込むものだと僕も思いましたし、実際、これはＮＨＫ自身も認めているように、朝鮮半島ルーツの人々に対する差別的なリプライも目立ちました。

菜津紀　懸念は現実化しましたよね。もちろん様々な議論はあったわけですが、なかには「そうした時代だったのだと考えるための材料としてはよかったんじゃないか」といった意見も見受けられました。

いや、考える材料であれば何を垂れ流してもいいのか、と問いたいわけです。差別扇動を繰り返してきた桜井誠のヘイトスピーチだって、別の角度から見れば〝考える材料〟となってしまいますよね。少なくともメディアが責任を持って運営しているタイムラインであるならば、差別に直結する言葉をそのまま垂れ流すことなど、してはいけないと思うんです。もしも当時の日記を再現するのであれば、最低限、注釈は必要です。しかし「注釈なんて野暮じゃないか」といった意見すら散見された。野暮かどうかで、差別を煽る表現の垂れ流しが判断されるべきではないですよね。

浩一　同感です。実際は野暮かどうかというよりも、差別扇動に関する意識がまったく働かなかったと思うんですね。その言葉を垂れ流すことで社会にどんな影響を与えるのか、誰に被害を及ぼすのか、考えたことがないのかもしれません。

菜津紀　ですから問題が騒がれてからNHKが出した謝罪らしきものにも、その中の〈差別を助長していると受け取られないよう努めます〉という表現にも、心底がっかりしました。

浩一　配慮が不十分だった、という内容でしたね。まさに定型文。事実上のゼロ回答みたいなものです。不十分なのは「配慮」ではなく、差別と真摯《しんし》に向き合う気持ちなのですから。

菜津紀　タイムラインの中には朝鮮の人たちが発言した言葉として、語尾にカタカナで「ヨ」をつける文章もありました。本来は丁寧語として用いられる「ヨ」を、どこか朝鮮人特有の物言いとして、というよりも朝鮮人を識別するようなものとして書き込まれていましたよね。

浩一　どこか日本語が不自由であることを嘲笑《ちょうしょう》しているように感じました。レイシストが在日コリアンを罵倒《ばとう》する時、語尾に「ニダ」をつけるのと同様、見下しの視線が浮かび上がります。

菜津紀　私、あれにものすごく引っ掛かりを感じたんです。あの時代、私の祖父は朝鮮半島から日本に渡って4、5年くらいの時です。日本語もまだ不自由だったはずです。きっとたどたどしい言葉しか出てこなかったと思うのですが、それはやはり、当時の「宗主国」に言葉を奪われたからですよね。

浩一　時の日本の植民地主義が、土地と言葉と名前を奪いました。たどたどしい日本語は、それに翻弄《ほんろう》された人々の、ひとつの表情だったと思います。嘲笑すべきものではありませんし、それは奪われた側の痛みとして理解すべきものです。

菜津紀　ですから、あえて語尾に「ヨ」をつけて朝鮮人であることを強調するのは、言葉を奪った側の、傲慢《ごうまん》さみたいなものも感じるんです。

そうした傲慢さを抱えたまま、歴史的な背景も抜きにして、意義があるのだからと差別につながる表現を垂れ流すのは、構造的な暴力そのものだと思いました。

一方で、例えば昔の作品の中ですと『はいからさんが通る』（講談社）などは、現在発売されているものには、最後のページに「読者の皆様へ」と題して、歴史背景についての注釈がついています。

浩一　それは知りませんでした。『はいからさんが通る』にはどんな注釈がついているのでしょう。

菜津紀　作品中に出てくる文言の一部に、明らかな差別語などをはじめ、〈今日からすれば不適切と思われる描写がままあります〉としたうえで、何が問題なのか、なぜ差別なのかを明記し、しかしこうした理不尽な時代に主人公たちは間違いなく生きていたのだということを伝えたいと、かなり丁寧に、真摯な注釈が記されているんです。ＮＨＫがもしも本当に「考える材料」を提示したかったのであれば、そうした方法だってあったはずです。

浩一　それを放棄したということじたい、「配慮」の問題ではなく、差別に無自覚だった、差別の被害に対する想像力がなかった、ということですよね。そして差別に加担した自身への反省もなかった。それはまさに、ＮＨＫだけではなく、いまのメディアの姿そのものだったはずです。

追い詰められる「技能実習生」

劣悪な労働環境

浩一　先ほどの豚の盗難の話に戻りますが、ほとんどのテレビ番組は「犯人がベトナム人実習生だった」という結末を報じるだけで、それ以上に踏み込んだところは見られませんでした。

菜津紀　事実として間違ってはいないのですが、やはり社会に刻印されたのは、いわゆる「外国人犯罪」という文脈だけ……。

浩一　外国人には気をつけましょうといった警句でしかない。先にも述べましたが、どれだけ日本人による犯罪が多くても、日本人には気をつけましょうといった話にはなりませんからね。

確かに実習生の中には犯罪に手を染める者だっているでしょう。それはどんな属性であろうと、同じ話です。ただし外国人の場合、それだけで見出しの立つニュースになってしまいますから、実情は無視される。まるで外国人犯罪ばかりが起きているかのような印象すら与えてしまいます。

しかも技能実習生がなぜ犯罪に加担することになったのか、なぜ職場から逃げ出して地下に潜《もぐ》る者が多いのか、きちんと報道されていませんよね。

菜津紀　確かに、多くの場合、そこは無視されてしまいます。

浩一　菜津紀さんもすでにご存じの通り、劣悪な労働環境や低賃金が、実習生を犯罪に誘っている側面もあると思うんですね。けっして犯罪行為を擁護したいわけではありません。しかし、いまだ最低賃金以下で働かされている実習生は少なくないですし、違法とされる高額な出国費用を借金で賄《まかな》い、日本に渡ってきた実習生は相当数にのぼります。

菜津紀　多額の借金を背負い、低賃金で働かされる。そうした実習制度を利用して、日本の生産業が成り立っている部分もありますよね。

浩一　そうなんです。だから当然、盗みくらいはしたくなるよ、とは言いません。しかし、そこに至る回路があることは理解します。そして同時に、罪を犯してしまうよう仕向けている社会の責任というものも考えざるを得ない。

だって、僕らが身に着けているもの、口にしているもの、その多くは海外産、あるいは国内の外国人産ではないですか。僕も含め、多くの人が野菜や果物なんかは「国産」を好んで食べるわけですが、実際に農業現場で働いているのは外国人というケースは少なくありません。服や家電も似たようなものです。いま、あらゆる生産業を支えているのは実習生をはじめとする外国人労働者ですよ。しかも、実習生は正当な労働者として認められることなく、まるでトレーニングでもしているかのごとく「実習」という肩書がついて回る。

菜津紀　安価な労働力として利用されているわけですよね。労働者としての基本的な権利を教えられることもなく。しかも期限つきです。いつか帰ってもらえる、使用者にとっては〝都合の良い労働力〟です。

浩一　そう、こんな都合の良い話はありません。

「疑似家族」の演出

浩一　現場を取材していていつも感じるのは、使用者が実習生に対して、自分のことを「お父さん、お母さん」と呼ばせていること。こうした職場、すごく多いんです。

菜津紀　疑似家族を演出しているんでしょうか。あるいは「家族的な雰囲気」を訴えたいのでしょうか。

浩一　気持ち悪いですよね。それで、何か雇用上のトラブルが発生すると、「わが子同然にかわいがってきたのに」と嘆いたりするわけです。そのたびに僕は言うんですよ。本当に「わが子同然」として接してきたのであれば、最低賃金以下の労働に従事させ、残業代も支払わないなんてことをしますか、と。ましてやセクハラなんてするわけがない。普通に考えれば。結局、「親にワガママを言うな」といった屁理屈《へりくつ》で、正当な権利主張を押さえつけるための形式的な「家族」に過ぎない。

菜津紀　「疑似家族」という名の支配の構造になってしまっている。実の子でなくとも逃げたくなります。

浩一　逃げますよ。僕ならば絶対に逃げる。逃げ延びて、どんなことでもして生きてやるんだという気持ちになる。

そもそも実習生は出稼ぎとして日本に来ているんです。働いて、稼いで、家族のために仕送りしたいと思っている。家族をつくりたくて来日したわけじゃないのですからね。

しかし、就労先から逃げ出しただけで、法的には資格外滞在。つまり「不法」を問われてしまうわけです。低賃金や理不尽な抑圧から逃れることが、そんなに悪いことなのかと思いますが、入管や警察はこの時点で犯罪者扱いしてくるのですね。

日本人の労働者であれば、労基署に駆け込むとか、労働組合に相談するとか、裁判に訴えて

職場を逃げ出して保護施設に隠れているベトナム人実習生。取材にきた私のために食事を作ってくれた＝2020年８月、安田浩一撮影

みたりとか、そうした解決方法もあるでしょう。実習生でもそうした方法を選択する人はいますが、ごくごく一部に過ぎません。

菜津紀　会社に不満を漏らしただけで、強制的に帰国させられてしまうケースも相次いでいますからね。しかも多くの場合、借金を背負って渡日しているのですから、あえて帰国させられるような選択をすることじたい難しい。

浩一　つまり使用者と闘うことなんて、簡単にはできないのです。だから逃げるし、時に盗む。そう仕向けている制度や社会の問題を考えずして「犯罪」を騒ぐ世間も、それを報じるメディアも、どうかしている。だいたい、実習制度は技術移転や国際交流を目的につくられたことになっていますが、いまだ誰も信じていないその建前を通している。外国人に雇用の道を開くのであれば、せめて労働者として当たり前の権利をきちんと付与すべきなんです。働き方、働かせ方に、外国人だからと例外を設けるのは間違っています。

菜津紀　コロナ禍で外国人の来日が難しくなってからは、「技能実習生が来ず、人手不足」という〝建前〟さえなし崩しにする報道も見受けられましたし、メディアの発信がこの制度の問題を上塗りしてきた面もあると思います。

「技術移転」といっても、実習生が日本で高度な技術に触れる機会などめったにありませんよね。基本的には、労働コストの節約や、人材不足の穴埋めとして雇用されるケースが圧倒的に多いわけですよね？

浩一　多いというか、それがすべてだと思います。

菜津紀　ましてや国際交流なんて、とってつけたような空虚なスローガンでしかないですよね。

浩一　一部では交流にふさわしい事例もあるのでしょうが、多くの場合はせいぜい、夏祭りの盆踊りなんかで実習生に浴衣を着せて参加させるとか、その程度ですよ。もちろんそれでも地元の人々と触れ合う機会があるのならばまだいい。休日すら満足にもらうことのできない実習生であれば、交流どころではないでしょう。しかも、外を出歩いただけで地域によっては窃盗団扱いされてしまうことだってある。

いつだったか、どこかの芸能人が近所の畑が何者かによって荒らされたことをネットに書き込んでいましたが、そこでも「近くにはベトナム人も多い」と余計な一言を加えたことで問題となりましたよね。そんな偏見に満ちた人々が周囲に住んでいた場合、どのような交流が可能というのか。

菜津紀　地域で孤立している実習生の姿しか思い浮かびません。以前から指摘されていることですが、やはり実習制度、小手先の〝改善〟では到底足りないですよね。日本で働きたいと考える外国人が、人間らしく働くことのできるための制度保証こそ必要でしょう。まるで支度金のような高額な渡日費用も、転職や退職の自由がないことも、とにかくおかしい。人権以前の問題だと思います。

浩一　人権どころか人格すら否定されるような場面が多すぎます。

女性差別にもつながる判決

菜津紀　最近、私が気になったニュースとしては、ベトナム人の女性技能実習生、レー・ティ・トゥイ・リンさんが、死産した子どもの遺体を放置したとして、死体遺棄罪に問われた事件があります。一審では懲役8月《げつ》、執行猶予3年がリンさんに言い渡され、今年（22年）1月の福岡高裁ではわずかに減刑されましたが（懲役3月、執行猶予2年）、それでもリンさんの有罪が覆《くつがえ》ることがありませんでした。リンさんが抱えることになったつらい状況、さらには実習生としての実態も含め、二重に理不尽な判決が出てしまったと思います。
まず、孤立出産であったことに、とにかく胸が痛みます。異国の地で、どれほど心細かったことでしょう。初産というだけで相当に負担が大きかったはずですし、そのうえ双子。しかも死産だった。身体的にも、精神的にも、突き落とされたようなショックと悲しみを味わったと思います。そうしたなかで、彼女は子どもの遺体をタオルにくるんで、名前まで考え、それを弔いの言葉と一緒に紙に記し、いわば彼女なりに丁寧に埋葬したわけです。

浩一　死産であったことを誰にも言えなかっただけですよね。

菜津紀　そうです。リンさんは部屋の中で亡くなったわが子と一緒に過ごした。

浩一　それが死体遺棄罪となった。しかも周囲に発覚するまで、わずかに1日とちょっと。正確には33時間です。その程度の時間を私的埋葬しただけで、死体遺棄罪に問われてしまうことじたい、問題ではないでしょうか。通常の葬祭だって、このくらいの時間を要しますからね。しかし、孤立した環境にあったことで、「犯罪」の烙印を押されてしまう。孤立出産というのはリンさんだけでなく、多くの女性にとって、けっして他人事《ひとごと》ではないと思うのです。本来、「事件」とすべきものではないでしょう。リンさんは「捨てた」とは一度も供述していません。

菜津紀　裁判の過程で、「赤ちゃんポスト」の運営で知られる慈恵《じけい》病院（熊本市西区）の蓮田 健《たけし》院長が意見書を提出されましたよね。非常に重要なことが書かれていましたので、5章と一部重なりますが引用します。

〈孤立出産で心身ともに疲弊しているにも関わらず、嬰児を埋葬する準備をしたリン氏の行為は優秀の域にある。この行為が罪に問われるとなれば、孤立出産に伴う死産ケースのほとんどが犯罪と見なされてしまいかねない。「孤立出産して赤ちゃんが死んでいたら罪に問われる」という風評が広まれば、孤立出産の結果死産に至った女性たちが罪に問われることを恐れて、出産の事実を隠蔽しかねない。本件で死体遺棄罪が成立することによって、その後、嬰児の死体を隠す、遺棄するなどの犯罪行為が誘発されることを危惧する。私が今回の意見書提出をお引き受けした第一の理由はここにある〉

まったくその通りだと思いました。死産に打ちのめされながらも、リンさんができる限りのことを尽くそうとしたと認められるべきです。

浩一　リンさんは公判で「実習生が妊娠すると帰国させられると思った」と主張していますよね。誰にも伝えることのできなかった理由は、その言葉にすべて表れていると思います。

菜津紀　やはり、妊娠・出産した実習生が帰国を余儀なくされている実態があるわけです。使用者に妊娠を告げただけで強制帰国を告げられるといったケースは山ほど存在する。リンさん自身、使用者にも監理団体にも相談ができなかったのは当然です。妊娠と出産を隠さざるを得ない事情をつくったのは、まさに実習制度そのものですよね。

2022年4月に開かれた支援集会にオンラインで参加したリンさんは、ベトナムでもこの件が報じられているため、上告するか悩んだと話していました。浩一さんのおっしゃった「烙印」は、故郷に彼女が帰ったとしても、人生につきまとうことになってしまう。

浩一　正当な労使関係ではなく、支配・服従といった関係がまかり通るのが、実習制度。そこにおいては女性の権利などこれまでずっと後回しにされてきました。

菜津紀　実習生に限らず、今回のような判決が出てしまうと、望まない妊娠をしてしまった女性や、何らかの事情を抱えて一人で出産せざるを得なかった女性が、誰かに相談することすらためらってしまうかもしれません。

浩一　自分も罪に問われてしまうかもと考えるのは当然ですよね。怖いですよ、やはり。

菜津紀　誰かに伝えたくても伝えられない。声をあげることができない。となれば黙って、誰にも知られることなく「遺棄」を選択してしまうケースにもつながってしまうかもしれない。今回の有罪判決は、苦境に立つ女性の声を押しつぶしてしまうことにもなります。

あらためて思うのですが、外国人差別にも女性差別にも、どちらにもつながる最悪の判決でした。そうした意味において、まだまだ司法の場では、何が差別なのか、何が問題なのか、理解されていないという内実が透けて見えてしまう結果となりました。強制帰国のペナルティを温存させたままの実習制度が、どれだけ非人間的なものかも、裁判所は認識していませんでしたよね。

浩一　ええ、機械的に「死体遺棄」を裁いただけという印象です。

ありえない就業規則

浩一　いま、僕の手元に、外国人実習生を雇用している企業の就業規則を書いた紙があります。5章でも少し触れた東海地方の縫製工場なのですが、そこにはこんなことが記されている。例えば「会社に逆らってはいけない」とか「携帯電話やパソコンを所持してはいけない」とか。まるで合理性がない規則ばかりで、目を通すだけでもうんざりするのですが、もっとひどいことも書かれています。〈同居や結婚、妊娠を引き起こす行為をしてはならない〉

菜津紀　何なんでしょう……それ。絶句してしまいます。

浩一　同居や結婚、妊娠を引き起こす行為——そんなことにまで会社が介入する。わざわざ就業規則でうたっているわけです。中学校の生徒手帳にだって、こんなことは記されていないでしょう。しかも実習生というのは20代や30代の人が中心、50代の人だって珍しくありません。

そうした大人に対して、いや、人間に対して、こうした異常ともいえる就業規則に従わせるような世界が、実習制度ではつくられているのです。

つまり、妊娠したら強制帰国処分を食らうことは、どこでも起こり得ることなんですね。裁判の被告となることを強いられたリンさんが、実習先企業とどのような関係にあったのかは知りませんが、少なくとも妊娠・出産が周囲から歓迎されるような環境にはなかったことは間違いないでしょう。

菜津紀　言葉を選ばずに言えば、やはり、権力を持った側が性と生殖まで支配をする構図、なんだかナチスを連想させます。

結局、一人の人間を雇用しているというよりも、労働力を管理しているだけというか。いや、働く機械を受け入れているだけ、といった感じを受けますよね。

浩一　スイスの作家マックス・フリッシュの言葉を思い出します。「我々は労働力を呼んだが、やってきたのは人間だった」。1960年代、ヨーロッパで移住労働者の姿が目立つようになった時、その状況を表した言葉です。

菜津紀　向き合っている相手が人間であることを意識できなければ、人権の概念だって生まれるはずもありません。性と生殖に踏み込んでくる問題だけでなく、例えば実習制度は家族の帯同を認めていませんよね。これだって十分な人権侵害だと思うんです。

昨年（21年）、アフガニスタンでタリバン政権が復活した際、日本政府や日本の団体の仕事に携わってきたアフガニスタン人の退避をどうするか、緊急の対応が必要となりました。ところが、NGO職員に関しては、家族帯同で日本に向かうことが許されませんでした。直後に、現地のローカルスタッフの方にインタビューしたのですが、この方も「家族を置いて一人で日本に避難しろ、というのは支援とは呼べない」とはっきり話していました。

浩一　当然ですよね。家族を連れてこなければ入国を認めるという日本の姿勢は、あまりに冷淡ですし、そもそも非常時、緊急時に条件を設けることじたい、人道支援を口にする資格がないと言えましょう。人の営みに介入するトンデモ企業と何ら変わりありません。

菜津紀　生きている以上、そこで生活している以上、人は恋愛することもあれば、家族を築くこともある。そんな人の営みに向ける視線も抜けたまま、日本は何を受け入れたいのでしょう。外国人に対するまなざしが、こうした時にはっきりと浮き彫りにされる。緊急時でさえこうなのですから、平時の「支援」など、ますます困難でしょうね。

浩一　まやかしですよね。実習制度の目的を、いまだ国際交流などと偽《いつわ》っていることと同じです。地域どころか、実習先の企業とも、本当の意味での交流などできていない。だから孤立出産にも追い込まれる。つまりそもそも、実習生をはじめとする外国人労働者は、あらゆる面で孤立している。

菜津紀　なかでも女性は、とことん孤立を強いられることが多い。時にセクハラの対象となり、誰にも助けてもらえない絶望的な状況に追いやられることもありますよね。

浩一　日本人女性でさえ、たとえセクハラを告発しても、すさまじい中傷の嵐に見舞われてしまうのですからね。女性であることじたいが不利な社会にあって、さらにそのなかで外国人であることは、どれだけ絶望的なことなのか。

菜津紀　表に出ませんよね。というか、表面化させることが困難。言葉の問題、職場での力関係、そして日本社会の構造。これらがすべて、外国人女性の権利と尊厳を奪い取る。泣き寝入りを強いていく。

実習生への性暴力

浩一　何度も繰り返しますが、実習生ですと、声をあげた瞬間に不利益を被《こうむ》ることになりますからね。被害者なのに強制帰国処分といったケースは枚挙にいとまがない。だからセクハラの実数は僕らが考えている以上に多いのではないか。

5章でも触れましたが、これは茨城県で働いていた中国人の女性実習生の話です。彼女は農業実習生として来日し、同県北部の農家に就労しました。そこで毎晩のように農場経営者の男性からセクハラを受けます。いや、むしろ暴行というべきでしょう。女性が寝ている部屋に押し入ってくるのですから。

男性は一方的な行為を終えると、女性の枕元に1万円を置いていくんですね。そして「内緒だよ、誰にも言っちゃダメ。私は警察とも仲良しだからね」みたいなことも言い添える。

菜津紀　口止めしているわけですね。「警察とも仲良し」なんて言い方が、より一層醜悪《しゅうあく》です。何を言っても無駄だぞと、脅しているように聞こえたでしょうね。

浩一　「警察と親しい」のは、まんざら嘘ってわけでもないのですよ。この男性、実は地元議会の議員でもありました。しかも議長経験者。地方ボスのひとりです。そんなことを聞かされた女性は、自身の無力さを感じたでしょうね。女性であること、外国人であること、実習生であること、これらすべてが〝孤立〟を意味します。地域の有力者に逆らうことなどできないと考えるのも無理からぬことです。だから、耐えるという選択をしたのでしょうね。告発をしても手ひどい仕打ちが待っている、と思い込むのも仕方ない。もしも強制帰国させられてしまえば、何のために借金までして渡日したのか、という話ですよ。そうした物言えぬ女性であることを十分すぎるくらいわかっている経営者が、自らの立場を利用してセクハラ、暴行に及ぶ。許しがたいことです。

菜津紀　女性は耐え続けたのでしょうか？

浩一　いいえ、結局、逃げました。耐えきることができなかったのは当然ですよね。最終的には外国人支援団体が運営する女性シェルターに保護されたのですが、いま考えれば、逃亡中に入管に捕まらなくて本当に良かった。性的暴行から逃げていたと説明したところで、警察や入管は職場離脱、つまり資格外滞在を問題にしたことでしょう。DV被害を無視されたウィシュマさんと同様、収容施設に入れられ、今度は国の力で強制送還させられていた可能性も強い。

菜津紀　性犯罪はうやむやにされ、職場を離脱した事実だけが残る。そんな結末は十分に予測できてしまいますよね。いまの話をうかがうと、表面化しない同様のケースも相当に多いのではないかと思わざるを得ません。

浩一　ちなみに、僕はその経営者を直接に取材しています。その際、ストレートに聞いたんですよ。性的暴行しましたよね、と。ところが経営者は頭からそれを否定するのです。「冗談じゃない、そんなの嘘だ」と。では、女性との間で何もなかったというのかと問うと、「関係があったことは認める」と言うわけです。そしてこう付け加えたんですね。「襲ってきたのは彼女のほうだ」

菜津紀　はあ?　だって、口止め料として1万円を渡していたのでしょう?

浩一　そう、もう言ってることがめちゃくちゃなんですよ。金を渡したことについても、「給料が安いからかわいそうになった」からだと。デタラメであることは誰が聞いてもわかります。結論から言うと、この社長、僕の取材からしばらくして、議員辞職に追い込まれました。実習生の件ではありません。政務調査費を使った研修旅行で、女性添乗員に性的暴行を働いたんです。なんというか、そういう人物だったとしか言いようがない。つまり先ほどから菜津紀さんが述べている通り、この日本においては、実習生としての立ち位置、女性として、あるいはマイノリティとしての立場から、いずれも不利な状況に置かれている。力関係に厳然とした差がある。それを利用して、というよりも食い物として、平気な人間がいる。本当に許しがたい。政府が言うところの「国際化社会」って何なんでしょうね、まったく。

菜津紀　被害に遭った実習生が加害者を訴えたとしても、日本の法体系ではやはり難しいわけですよね。あからさまな「暴行脅迫」があったわけではない、そして意識がないなどの「抗拒《こうきょ》不能」であったわけでもない。つまりいまの日本の法律では、力関係による、「同意のない性暴力」というだけで、刑法で裁くことは困難です。取材を通してそうしたケースを何度となく見てきましたが、女性の側が泣き寝入りを強いられてしまう可能性が高い。

例えば日本語で意思疎通ができて、日本社会で生まれて育ってきた人間であっても、不均衡な力関係の中で口をつぐまざるを得なかったケースって、ものすごくあるわけです。ましてや異国の地で、安心して頼る先もなく、身近な人間は雇用主だけといった状況の中で、処罰の対象にならない性暴力が起きていくのは、制度設計する過程で十分に予測できたと思うんです。ですから浩一さんも言われるように、せめて実習制度、解体するしかないのではないでしょうか。

職場での暴行事件

菜津紀　少し前にも岡山県で、男性実習生に対する暴行事件が話題となりました。そうした暴力も含め、表に出るものは氷山の一角でしかないと思うんです。

浩一　建設会社で働いていたベトナム人技能実習生が2年間にわたって職場で暴行を受けていたと訴えた問題ですね。ほうきで叩かれたり、殴られたり、日常的な暴行を受けていました。暴行の様子を収めた動画も公開されましたが、完全なイジメでしたね。ベトナム人男性は歯や肋骨《ろっこつ》を折られるなどの被害を受けましたが、会社側からは「自分で転んだことにしろ、でなければ病院に行かせない」と脅されていたそうです。

　地元労組に駆け込んだことでようやくメディアにも取り上げられ、ショッキングな映像の効果もあって問題視されるようになったわけですが、泣き寝入りしなかっただけでも非常に稀《まれ》なケースだと言わざるを得ません。

菜津紀　相手が外国人だと平気で暴力を行使するケースは、残念ながら珍しくないですよね。

浩一　ええ、僕は実際に現場を目撃しています。ある工場では、実習生を一列に並べて、経営者が頬《ほお》を平手打ちしていました。僕は慌てて「何をするのか」と詰め寄ったのですが、特段、罪の意識などないんですよね。無断で仕事を休んだことを理由に、正当な体罰だと言い張るんです。でも、日本人社員に対しては絶対に体罰など加えないはず。

菜津紀　相手が外国人だからこそ、何をしても構わないと考えている経営者もいるのでしょうね。明確な差別がそこに存在する。そのうえでの暴力です。

浩一　何度でも強調したいのですが、実習制度は正当な労使関係を生み出すことはありません。極めて不安定な雇用条件の中で生じるのは、支配する側と従属する側。そうした歪《いびつ》な関係しか立ち上がってこない。そしてあらゆる法令違反が黙認されていく。取材の過程で「ガイジンにも労働法って適用されるのか？」と聞いてきた経営者を何人も見てきました。そんな意識で外国人を雇用しているのですから、法令違反がひとつも存在しない職場を探すほうが難しい。

娯楽として機能するヘイト

浩一　それにしてもベトナム人実習生の暴行現場を撮影した映像ですが、残酷《ざんこく》極まりないですよね。僕がたまらなく憤《いきどお》りを感じるのは、日本人の同僚が笑いながら暴力を振るっているところ。楽しんでイジメをしています。

菜津紀　暴力が娯楽として機能している。これは差別の現場で、常に見られる光景ですよね。一例を挙げますと、２００９年に在特会メンバーらが京都朝鮮学校を襲撃した事件。当時の映像を確認するとわかるのですが、メンバーらは朝鮮学校の門前で、それこそ楽しそうにヘイトスピーチを繰り返しているのですよね。

浩一　ええ、ヘラヘラと笑っています。

菜津紀　在特会は差別をエンターテインメントのように楽しんで消費しているように私には見えました。

　川崎市の在日コリアン集住地域である桜本《さくらもと》に取材で通っているのですが、2016年にヘイトデモが桜本まで迫りました。当時、ひとりの子どもが市のパブリックコメントに寄せるために描いた絵を見る機会を得ました。差別するような人たちに市の公園を貸し出さないでくださいというメッセージに添えられた差別者の顔。不気味に笑っているんですよ。子ども心にも、差別が娯楽化している現状が伝わってしまっているんですよね。余裕のない側にあのような笑いはできないでしょうし、そうやって高みから差別を消費できることが、マジョリティとしての特権なわけです。

浩一　とても重要な指摘だと思います。笑いますね、レイシストって。ほんと、よく笑う。下《げ》卑《び》た笑いで、とことん人を貶《おとし》める。

　例えば僕は性暴力被害に遭った伊藤詩織さんを〝やり玉〟に挙げたネット番組を見てしまったことがあるのですが、出演者みなで笑っていましたよね。

市のパブリックコメントに寄せられた小学生のイラスト

菜津紀　乾杯までしていました。

浩一　ええ、当事者である山口敬之氏（元TBS記者）をはじめ、自民党の和田政宗参院議員、日本維新の会の足立康史《やすし》衆院議員などが、被害者の伊藤さんを茶化《ちゃか》すかのように乾杯する様子が映されましたね。また、やはり伊藤さんを〝ネタ〟にした別のネット番組には、自民党の杉田水脈《みお》衆院議員、同じく長尾敬《たかし》衆院議員（当時）らが出演し、そこでも徹底的に伊藤さんを貶めました。はすみとしこ氏は伊藤さんを思わせるイラストを掲げ、出演者がそれを見ながら手を叩いて笑い転げるといった醜悪な展開でした。

ひとりの女性が受けた深刻な性被害

も、酒瓶《さかびん》が並んだスタジオでは〝肴《さかな》〟でしかないんですね。グラスを片手にゲラゲラ。〝事件〟のおかげで有名になったのだからと、またゲラゲラ。被害当事者を侮辱することが、そこまで面白いのか。

菜津紀　こうした笑いは、まさに暴力そのものですよね。人間を傷つけ、貶め、嘲《あざけ》るためだけに笑っている。ただただ、おぞましいと思います。

浩一　ヘイトデモにおいても同様なんですね。わざと余裕を見せつけたいのか、自らの優位性を示したいのか、ヘラヘラと笑いながらデモに参加している人間が目立ちます。逆に、マイノリティにそれを笑顔で返す余裕などあるわけがない。必死ですよ。悔しいし、怒りでいっぱいです。笑えるはずなどない。真剣に怒るし、時に鬼のような形相《ぎょうそう》で対峙《たいじ》する。

菜津紀　そしてそれを「必死」だと囃《はや》しながら、さらに笑いに仕立てていく。すぐにマウントを取りたがる。ネット上でも同じです。顔が見えるわけではありませんが、薄ら笑いの不気味な連帯が迫ってくるようにも思えてしまうのです。

浩一　マイノリティは差別者を楽しませるために存在しているわけじゃない。その醜《みにく》い笑いの中から浮かび上がるのは、一部の差別者だけではなく、やはり日本社会そのものであるような気持ちにもなるんです。国籍が違う、日本語が不自由、顔つきが違う、女性だから、貧しいから、そんな理由で外国ルーツの人々を差別し、尊厳を貶めてきたのが日本社会です。さんざんバカにしながら、しかしその一方では、なくてはならない安価な労働力として、とことん利用しているのです。

菜津紀　身勝手ですよね。

浩一　ええ、傲慢《ごうまん》そのものだと思います。

歴史修正とヘイトスピーチ

〝外国人に乗っ取られる〟というロジック

菜津紀　様々な話題に言及してきましたけれど、こうして話していますと、日本社会で目立つ「グローバル化」とか「ダイバーシティ」といった言葉が空虚に響きますよね。

浩一　目標として掲げる分には一向に構わないと思うのですが、実際、内実は伴っていませんよね。

昨年（21年）、東京の武蔵野市で住民投票条例案をめぐって激しい議論がありました。結果として市議会では反対多数のうえ否決となりましたが、外国籍市民も日本人と同等に投票権を得ることを盛り込んだ条例案は、先進的なものだったと思います。成立できなかったことが残念でなりません。

菜津紀　条例案について書かれた21年12月2日の読売新聞社説は、「外国人参加を安易に考えるな」というタイトルも酷かったのですが、〈日本人の考え方や習慣を十分に理解〉しなければ社会の一員ではないかのような内容で眩暈《めまい》を覚えました。

出身国問わず、地域というのはそこに住んでいる多様な人々によってつくられていくものです。外国籍の市民が直接、地方自治に関わることのできる貴重なチャンスだったと思いますから、私も条例案が通らなかったことを残念に思いました。

浩一　僕も取材に通いました。連日、武蔵野市の中心部、吉祥寺駅前で賛成、反対双方の立場による街宣活動が行われていましたから。

菜津紀　そこでもやはり、差別の風景があった……。

浩一　ということです。条例に反対する側は、それこそレイシスト集団から自民党の国会議員まで、まさに〝総力戦〟という感じでしたね。別に賛否を議論することじたいは構いません。

菜津紀　それぞれの立場から問題点を論じることそのものは大事です。

浩一　その通りです。ただし、反対する側のロジックは結局、武蔵野市が外国人に乗っ取られるというものでした。

菜津紀　いまのような時代状況にあっては、当然、そうした排外主義が顔をのぞかせますよね。

浩一　在特会の後継組織ともいえる日本第一党がデモ行進するなど、もうそれだけで反対する側の論理が透けて見える。外国人の排斥を主張するような団体ですよ。そんな集団によるヘイトデモを条例反対派の誰も止めないのですから。国会議員などはヘイトデモを止めるどころか「跳ね上がって人が出てくるのは仕方ない。それも表現の自由。言論の自由」といった発言まで
でしています。これは自民党の長島昭久《あきひさ》衆院議員のことです。

菜津紀　ヘイトスピーチ解消法の意義をまったく無視した物言いですよね。政治家としてヘイト解消の先頭に立つべき人が、「表現の自由」を理由に「仕方ない」とまで述べているのですからね。公権力がこの態度では、差別に「お墨付き」を与えることになります。

浩一　すでに報道で明らかとなっている政治家の発言を拾ってみますと――「（条例案が成立すれば）日本国民、市民の意思がひっくり返されてしまう」と発言したのはやはり自民党の和田政宗参院議員。これは外国人への敵視を煽る発言です。同党・佐藤正久参院議員も、中国が8万もの人を武蔵野市に移住させ「行政や議会が牛耳られる」とツイッターに投稿しました。さらに同党・青山繁晴《しげはる》参院議員は党内の保守系グループ「日本の尊厳と国益を護《まも》る会」代表として武蔵野市入りし、夕刊フジの取材に対して「松下（玲子）市長が望むか否かに関わらず、他国の勢力が住民投票を利用して、自治体運営に侵食してくる危険性がある。相手が『心理戦』

や『世論戦』を仕掛けてくる意図を分析し、備えることが安全保障上のイロハだ。松下市長に、こうした認識があるかは疑問だ。同様の条例が全国に広がれば国益を損ね、日本人としての尊厳も失われる。今、ここで流れを食い止めるため、条例案反対の世論をしっかりつくりたい」と訴えました。

これら一連の発言は、国益、安全保障、日本人の尊厳といった言葉を用いながら、外国籍市民の排除を正当化するものだと思います。外国籍の人々と同じ地域に住み、ともに生きているという意識がまるで感じられません。いたずらに安全保障上の危機を訴えるだけでなく、外国籍市民は「危険」だというデマを広げ、差別を扇動する役割を果たしています。

菜津紀　繰り返しますが、ヘイトスピーチ解消法は政治家や行政こそが率先して差別解消のために尽力しなければならないという理念に基づいた法律です。いま名前の挙がった議員は、法の理念をどう考えているのでしょう。

浩一　おそらく何も考えていない。差別を煽っている自覚もない。そして、吉祥寺駅前でさらにひどいヘイトを飛ばしまくっていたのは、「新党くにもり」を名乗る集団。インターネット番組「日本文化チャンネル桜」を母体とする政治団体です。同党の幹部らは「差別反対」を訴えて集まった市民たちを「外国人」だと決めつけたうえで、次のような言葉を街宣車の上から発しました。

「この人たちが問題なのは外国がルーツだということ」「反日国家の影響力にあり、反日教育を受けている」「そうした危ない人間が多数、武蔵野市に入り、住民投票に参加する」「おそろしい人たちを大量に武蔵野市におびきよせる」「外国籍の者たちの政治活動家は早く逮捕し、素性を調べ、強制送還してください」――。

菜津紀　うわあ、何から何までひどい。どこから突っ込んでよいのかわからなくなるほどにデタラメですね。

浩一　さらには「住民投票に参加したいのなら日の丸に忠誠を誓え」だの「武蔵野市の中に反日外国人のコミュニティができあがりつつある」など、少なくとも同党の街宣は、同じ日にデモ行進した差別主義集団の日本第一党よりもヘイトまみれでした。

菜津紀　自分と意見が異なる者は外国人に違いないという、〝いつものアレ〟ですよね。

浩一　差別者の基本動作みたいな。

菜津紀　すべて属性に回収されていくのですよね。そして相手に外国人というレッテルを貼ることで、自分は間違っていないのだと、安心してしまうのでしょう。

私もテレビなどで発言すると、話の中身ではなく、属性をもって批判されることが少なくありません。あいつはやっぱり朝鮮人の女だな、という感じの。典型的な差別の回路です。

朝鮮人労働者の動員

浩一　住民投票条例反対運動もまた、差別と排他のために「利用」されたと私は考えています。

菜津紀　レイシストに成功体験を与えてしまったということですよね。

浩一　残念ですが、そうかもしれません。そのうえでさらに僕が問題としたいのは、前述した「くにもり」幹部による、こんな発言です。

「日本人が武蔵野市の治水をしてきた。鉄道、バス、道路、橋、水道、電気も、治水工事も私たちの先祖がやってきたんだ。私たち日本人がつくったんだ！」

真面目に反論するのも馬鹿らしくなってきますが、しかし、言いっぱなしにはさせません。彼ら彼女らはインフラを「日本人がつくってきた」と主張していますが、言うまでもなく戦前戦中、多くの朝鮮人労働者が「インフラ整備」のために動員されています。ダムや鉄道などの建設のため、どれだけの朝鮮人労働者が動員されたことか。ちなみに武蔵野市にはかつて国策企業だった中島《なかじま》飛行機の工場があり、そこでも多くの朝鮮人労働者が働いていました。朝鮮人の労働力を国家が「利用」してきた歴史を無視した言動など許せるものではありません。

菜津紀　多くの朝鮮人労働者がそうした場で亡くなっています。私も浩一さんも取材に出向いた長生《ちょうせい》炭鉱（山口県宇部市）なども、深刻な被害のあった現場です。戦時増産体制のもと多くの朝鮮人労働者が危険な海底炭鉱での労働に従事させられました。1942年2月に水没事故が発生し、183名の炭鉱労働者が犠牲となっています。そのうち実に136人が朝鮮人労働者でした。

浩一　『宇部市史』には〈長生炭鉱は特に坑道が浅く、危険な海底炭鉱として知られ、日本人鉱夫から恐れられたため朝鮮人鉱夫が投入されることになった模様であり、その当時「朝鮮炭鉱」と蔑称された〉との記述があります。朝鮮炭鉱なる呼称そのものが、当時の国策産業の実相を示しています。

菜津紀　戦時増産体制とは、労働者の安全よりも生産拡大が優先されることを意味します。もともと法令違反が指摘されていた炭鉱でしたが、採掘作業が強行されていたのですよね。

浩一　当時の保安基準によると、海底下40メートル未満の場所では採掘が禁止されていました。しかし長生炭鉱は海底30メートルで採炭していたんです。定められた水深よりも浅い場所であったがゆえに海水の負荷に耐えられず、落盤しました。事故以前にも幾度か坑内出水が確認され、事故が予見できたにもかかわらず、炭鉱側は何の対策もとっていませんでした。ちなみに犠牲者に対する国家補償もありません。

菜津紀　現場に行くと、今もなお海から二つの古びたピーヤ（排気・排水筒）が突き出ているのが見えますが、労働者の遺体は海の中に沈んだままですね。力で推し進められた国策の下、こ

山口県宇部市、床波（とこなみ）海岸。海辺からは「ピーヤ」と呼ばれる、かつての炭鉱の排気・排水筒が見える＝2021年7月、安田菜津紀撮影

うした凄惨《せいさん》な事故が起きてしまったのであればなおさら、遺骨の収集や歴史を残す活動を、少なくとも公的機関が率先しておこなうべきだと思います。

いずれにしても、そうした犠牲の上に、インフラも各種産業も成り立ってきた部分がある。私たちが日常的に利用している鉄路をはじめ、様々な分野に朝鮮人労働者が関わってきたのですよね。

浩一　しかし、そうした歴史がまったく無視されるばかりか、「鉄道、バス、道路、橋、水道、電気も、治水工事も私たちの先祖がやってきたんだ。私たち日本人がつくったんだ！」なんて無知なアジテーションしちゃうわけです、差別主義者は。

菜津紀　外国人労働者を排除の対象としな

がら、労働力だけはちゃっかり利用しよう、と。

浩一　ベトナム人実習生がつくった〝国産野菜〟を口にし、中国人実習生が縫製した〝日本製〟の服を身に着け、ブラジル人労働者が組み立てた〝国産車〟を乗り回しながら、外国人は日本に来るなと訴えるようなものですよ。いやあ、日本製は素晴らしいなどと言ったりするんでしょうね。

菜津紀　当然ながらそうした風潮をつくり出しているのが政府や行政ですよね。先ほど述べた通り、戦時中の工事で犠牲になった人の遺骨収集はもちろん、せめてその歴史をきちんと伝えなくてはならないはずです。国家が始めた戦争の過程で、国策として進められた事業において、多くの人が命を落としたのです。しかし国はせいぜい、「尊い犠牲のもとに」といった言葉で、つるっとまとめてしまう。国が生み出した構造の中で、奪われなくていいはずの命が奪われたことを思うと、「尊い犠牲」といった言葉には強烈な違和感があります。その表現を用いて、何か責任を果たしたかのような気になっていいのか、国家としての加害性を覆い隠していないだろうか、と。

否認される歴史

浩一　いま、日本各地でそのような犠牲が「なかったこと」にされようとしていますよね。朝鮮人労働者が働いてたっていう事実そのものが、あるいはそこで命を落としたという歴史が、抹殺、抹消されようとしている。

群馬県の「群馬の森」（高崎市）では、徴用工の慰霊碑が県によって撤去されそうになっている。県に撤去を働き掛けてきたのは、差別主義者の団体ですよ。その団体のロビーイングが功を奏したのか、東京では関東大震災直後の朝鮮人虐殺の犠牲者を追悼する式典に、都知事が追悼文の送付を取りやめた。松代《まつしろ》大本営地下壕《ごう》の跡地（長野市）では、案内板から「強制的に」の文字が削除され、柳本《やなぎもと》飛行場（奈良県天理市）の跡地では朝鮮人強制連行を記した看板が撤去されました。いずれも今世紀に入ってからの出来事です。

これらは歴史修正主義だと批判されているわけですが、なんていうのかなあ、修正なんてもんじゃない。完全な歴史否定、歴史否認です。

菜津紀　世界遺産登録の問題もそうですよね。優れた技術を歴史遺産として残すことそのものに異論はありません。ですが、軍艦島（端島《はしま》・長崎市）は戦前戦中の徴用政策についての説明義務を了承したうえで遺産登録されたのに、その責任を果たしていないことから、ユネスコは「強い遺憾」を盛り込んだ決議を採択しています。

浩一　つまり、日本側のだまし討ちみたいなものですね。僕は政府がそのために設立した「産業遺産情報センター」を見てきましたが、徴用工に関する展示はほとんどありませんでした。

佐渡のフェリーターミナルに掲げられていた佐渡金山の世界遺産推薦を祝う横断幕＝2022年３月、安田浩一撮影

最近、世界遺産登録への推薦が決定した佐渡の金山にしても、朝鮮人労働者が働いていた近現代の歴史を推薦範囲から外し、江戸時代の採掘技術に限定してユネスコに推薦している。何がなんでも遺産登録を果たすためのあまりにも姑息《こそく》な手法です。最近、佐渡を取材で訪ねましたが、地元でもこれを冷ややかに見ている人が多い。早い話、盛り上がっていない。世界遺産登録を「対韓国」といった視点でしか捉えていない国や行政は、本末転倒もいいところですよ。

菜津紀　韓国に勝つのか負けるのか、といった議論ばかりですもんね。何のための世界遺産なのか、これではさっぱりわからない。

浩一　そう、だからこの問題、遺産の価値や歴史認識とは別に、根底で蠢《うごめ》いているのは差別と偏見の問題なんだと思います。「韓国の難癖《なんくせ》に負けてたまるか」といった勇ましい論調が躍っていますでしょ。そのうえで結局、日本は何も悪いことをしていないのだと、手垢《てあか》のついたロジックが全体を支配していく。一部のメディアもそこに悪ノリする。先に菜津紀さんがテレビの現場における差別の扇動についてお話ししてくれましたが、同じ構図だと思います。

菜津紀　結局、日本で暮らしている外国ルーツの人に偏見が飛んでくるわけですしね。「ここに叩いていいターゲットがいる」と積極的に旗振りをしているに等しい。ヘイトスピーチと地続きの問題だと思います。

日本人へのヘイトスピーチ？

浩一　そのヘイトスピーチに関しても、僕ら、この対談の中でも特に注釈をつけずに話してきましたが、いまだねじ曲がった解釈をしている人もいますよね。しかも政治家に。

菜津紀　日本人に対するヘイトスピーチ、といった表現を堂々と用いる人もいるわけですからね。

浩一　例えば日本維新の会（維新）のヘイトスピーチに対する認識について、菜津紀さんはラジオ番組「荻上チキ・Session」（TBSラジオ）で同党の馬場伸幸幹事長（当時）に鋭い質問をぶつけました。その時のことについて、あらためてお話しいただけますか？

菜津紀　維新が掲げているヘイトスピーチ対策の中に、「日本・日本人が対象のものを含む」といった内容の一文があったわけです。ヘイトスピーチ解消法の立法事実には、マジョリティとしての日本人に対するヘイトスピーチは含まれていませんでした。ですから番組の中でそれはどのような意味なのか、馬場幹事長に直接に訊ねてみたのです。

浩一　菜津紀さんは重ねて聞いていますよね。「(ヘイトスピーチとは）日本人に対するものも含まれるのか」と、あえてわかりやすい言葉で突っ込みました。

菜津紀　ええ。それに対しては一言「そうです」と。ヘイトスピーチとは何か、に対する理解のなさ、知識の乏しさが露《あら》わになった瞬間だったと思います。すでに政策集の中に書かれていたことではありましたし、概ね予想はできたのですが、それでもあらためて耳にすれば愕然《がくぜん》としますよね。

浩一　菜津紀さんが「それ、独自の解釈だと思いますけど」と返した場面はさすがだと思いました。ところで、さらに驚いたのは、菜津紀さんから馬場幹事長に向けられたもうひとつの質問をめぐるやりとりです。

菜津紀　維新は政策集の中で、国政選挙の立候補者が過去に日本国籍を取得していた場合、その国籍の得喪《とくそう》履歴の公表を義務づける、といったことも記しているのです。これ、ものすごく危険な匂いがしますよね。出自の公表を義務づけるのは、偏見や差別を助長させることにもなります。ですから、そうした危険性を訊ねたのですが、馬場幹事長は、安全保障上重要な政策決定をする立場からして「経歴を明らかにするのは当然」だと。さらに番組パーソナリティの荻上チキさんが「被差別部落出身であることを書けとは言わないと思うが、国籍履歴の開示はなぜ必要なのか」と問うと、「同和地域の出身の方は同じ日本人ですから」といった返答がありました。

要約すれば、維新は明確に「日本人と、帰化した人は別」だという見解を示しているのです。例えば私の父は、私が生まれて数年後に日本国籍を取得していますが、父もこうして「お前は日本社会の一員ではない」と線引きされてきたのかもしれません。

浩一　呆れるしかありませんね。いや、この程度の認識でヘイトスピーチが論じられてきたのかと思うと怒りがこみ上げてきます。

とはいえ、僕にも「日本人に対するヘイトスピーチをやめろ」といった物言いはいくらでも飛んできますし、同じメディアで仕事している人間の中でも、いまだヘイトと罵倒の区別がつかない人が少なくない。真顔で「ヘイトスピーチはよくない」と話している人間が、「ヘイトに反対する側のヘイトスピーチもほどほどにしてほしい」なんてことを漏らしてみたり。こうした人、少なくないですよね、同業者の中にも。

菜津紀　当然「あるある」な話ですよね。そうした政治家やメディアの感度の鈍さが、ヘイトクライムにつながっていく怖さを感じています。

ウトロ地区放火事件の現場

菜津紀　例えば浩一さんも取材されていましたが、京都の在日コリアン集住地域・ウトロ地区（宇治市）での放火事件。

浩一　簡単に事件のあらましを説明します。21年8月30日の夕方、ウトロ地区で火災が発生し、倉庫や家屋など7棟が焼け落ちました。当初は失火が原因のようにも報道されていましたが、12月に入って事態が急変します。京都府警はウトロ地区に放火したとの疑い（非現住建造物放火）で、奈良県桜井市に住む22歳の男を逮捕しました。男は同年10月に、名古屋市の在日本大韓民国民団の施設に火をつけたなどとして器物損壊容疑で愛知県警に逮捕されていたんです。その捜査過程で、ウトロでの放火を自供しました。疑う余地のないヘイトクライムです。

菜津紀　犯行に及んだ男性は「ヤフコメ民をヒートアップさせたかった」と話していること、放火で人が亡くなってしまうという思いもあったと答えていることが報じられています。

私も事件後に現場を訪ね、生活の痕跡を奪ったすさまじい焼け跡を目にして言葉を失いました。12月には同志社大学で開催された同事件をテーマとした集会にも参加したのですが、ウトロで生まれ育った弁護士、具良鈺《クリャンオク》さんのお話がとても印象に残っています。

ウトロは戦時中の飛行場建設に動員された朝鮮人労働者の飯場《はんば》があった場所なんですよね。終戦後、行き場を失った朝鮮人が、そこで生活し、ウトロ地区が形成された。ずっと日本社会から差別と偏見のまなざしを向けられ、近隣に住む日本人からは「危ない場所」だと言われ続けてきた。それでも具さんの記憶に残るウトロは、夕方になると路地に焼き肉の匂いが漂い、近所同士で自然と声をかけ合い、家にカギをかけなくても平気で外出のできる、安心、安全なコミュニティだったそうなのです。

そこに火が放たれた。具さんは火事の様子を撮影した映像を目にした時、「私の体が燃やされてしまうようだった」と話されました。聞きながら私の中でも、なんともいえない気持ちが湧き上がりました。具さんは、こうも強調されていました。「放火犯にもまして怖いのは日本社会の無反応だ」と。

浩一　まったくその通りですよね。この事件の初公判を傍聴しましたが、検察側は被告の男性が「韓国に悪感情を抱いていた」と指摘しました。僕はこの「悪感情」に少しばかり違和感を持つんです。感情の好悪の問題ではなく、被告が抱えていたのは間違いなく差別と偏見だったはずです。だからこそ、これは単なる放火事件ではなくヘイトクライムなのだ、ということがきちんと伝えられていない。

京都府宇治市、ウトロ地区の火災跡地。２カ月が経ち、静かに花が咲き始めていた＝2021年10月、安田菜津紀撮影

火災が起きる前のウトロ地区の倉庫。2022年４月に開館した「ウトロ平和祈念館」に展示するはずだった史料約40点が保管されていたが、放火により焼失した＝2020年９月、安田菜津紀撮影

菜津紀　事件としては報じるけれど、社会にとってのリスクまで深掘りした報道はまだまだ少ない。そして、事件を軽視することで悪循環が生まれます。ヘイトクライムに対する危機感のなさが、国や行政の無関心も招く。実際、公権力は「放火はいけない」くらいのことは言いますが、ヘイトクライムは絶対に許さないのだというメッセージは発信していませんでした。事件から半年経った翌年2月末になってようやく宇治市長が、議会での質問を受け、「(ヘイトクライムは) 許される行為ではない」と、飽《あ》くまでも一般論として答えていましたが。

浩一　卑劣な行為に反対する意思があることを社会全体でしっかりと示す必要があります。社会が差別根絶に向けて動かなければ、犠牲の数だけが増えていく。

ナチスとヘイトスピーチ

菜津紀　浩一さんはウトロを取材して、どんな感想を持たれましたか？

浩一　焼け跡がまだそのまま残っているんですよね。灰燼《かいじん》に帰した一角は、真っ黒に染まっていました。震えに襲われました。焼け落ちた家のひとつは、実際に人が住んでいたんです。たまたま外出していたから難を逃れることができましたが、タイミングが悪ければ大惨事となっていたかもしれない。差別と偏見が殺戮《さつりく》につながるのだという回路を、あらためて認識しました。狙われたのは人の命です。命を、人の営みを、焼き尽くそうとしたのです。

残骸の上に立ち、それがヘイトクライムの爪痕《つめあと》なのだと考えた時、もうひとつ想像したのはナチスによるユダヤ人襲撃、つまりクリスタル・ナハト（水晶の夜）でした。1938年11月、ナチスはドイツじゅうでユダヤ人の商店やシナゴーグを叩き壊しました。クリスタル・ナハトとは、窓ガラスが飛び散り、道路を埋め尽くした光景に由来した言葉です。実はいまでもクリスタル・ナハトという言葉を用いて外国人排斥を訴えている集団が、日本に存在しています。この集団は、同じく在日コリアン集住地域を抱える川崎市にも押しかけ、ヘイト街宣を繰り返しています。集団に属するひとりは、自らのブログで在日コリアンとの「闘い」を、クリスタル・ナハトと称している。まったく唾棄《だき》すべきレイシストですが、ウトロの焼け跡を目にしながら、やつらの暴走が目指す場所はここなのだと感じたんです。

菜津紀　ヘイトスピーチに鈍感であること、無理解であることは、そうした暴走を許容することでもありますからね。

ナチスといえば、最近も菅直人元首相が、かつて維新を率いた橋下徹氏らを引き合いに「ヒットラーを思い起こす」とネットに投稿したことで、維新側が猛反発するといったことがありました。維新の松井一郎代表（大阪市長）が「どういう状況であろうと言ってはならないヘイトスピーチ」と発言したり、この件でフジテレビのニュース番組「Live News α」に出演した津田塾大学教授の萱野《かやの》稔人《としひと》氏も「フランスやドイツではヘイトスピーチを法律で禁じていて、その基準に従えば、菅直人元総理のヒトラー発言は、処罰の対象となる可能性が非常に高い」と発言しています。菅さんの発言の妥当性は別として、権力者をヒトラーに例えた批判をヘイトスピーチだと指摘するのは、あまりにズレていますよね。

浩一　ズレまくっています。日本国内で使われる「日本人に対するヘイトスピーチ」なる文言と同様、完全にヘイトスピーチの意味を取り違えていますよね。政治家も学者もおかしければ、お説ごもっとも、とばかりにトンチンカンな解釈を垂れ流すテレビ局もどうかしている。為政者の独裁体質に対し、ヒトラーを持ち出して批判することの、どの部分が「国際的にはご法度」（橋下氏）、「国際法上ありえない」（吉村洋文・大阪府知事）なのか。

菜津紀　根拠となるべき「国際法」を誰も具体的に示していません。言うまでもありませんが、ヘイトスピーチとは差別を扇動し、特定の属性を攻撃する言葉や行為を意味します。社会的力関係を利用して、マイノリティをより弱い立場に追い込み、人としての尊厳を奪うことです。菅元首相の発言は、そうした文脈とは異なるものです。

浩一　もちろんヒトラーの名を用いることで「ご法度」とされる文脈というのは確かに存在するんですよね。ヒトラーやナチスを礼賛することがそれに相当します。

　例えば自民党政調会長の高市早苗議員。２０１４年にはネオナチ団体の代表とツーショット写真を撮ったことが話題になりましたけども、同席した団体は、国家社会主義日本労働者党を名乗っています。ハーケンクロイツをシンボルとする日本版ナチスです。これだけでも問題ですが、高市氏はさらに問題を抱えている。1994年にナチス礼賛本『ヒトラー選挙戦略』に推薦文まで寄せています。これこそ本当の意味での「ご法度」ではないでしょうか。ちなみに同書の著者は、かつて自民党東京都支部連合会（自民党都連）の広報部長を務めた小粥《おがい》義雄氏。

菜津紀　権力にある側がナチスを礼賛する。まさにこれこそ大問題です。

浩一　自民党といえば、同党副総裁の麻生太郎衆院議員も、財務相時代に「ナチスの手口を学んだらどうかね」と発言しました。結局は発言の撤回に追い込まれるわけですが、普通の先進国であれば政治家生命を絶たれてもおかしくない。それができないこと、こうした政治家が存在すること、さらにはこうした政治家によってヘイトスピーチが野放しにされ、法による規制もできないことが問題です。ヘイトクライムへと導く道筋が、日本社会ではいくつも用意されてしまっています。

菜津紀　それが身体的な暴力につながっていくリスクになるんだということを前提に、本気で対策を考えていかなければならないはずです。政治家にも、そしてメディアにも。

〝自警団〟結成の動き

菜津紀　このところ、各所で自然災害が相次いでいますが、そのたびにネット上でヘイト書き込みが繰り返されますよね。朝鮮人が井戸に毒を投げ入れた、という使い古された文言が。あれを目にするたび恐怖が襲ってくるのは、投稿内容が深刻であることはもちろん、ヘイト書き込みを処罰するような法体系をこの国が持っていないからなんですよね。

浩一　僕もヘイトスピーチに関する取材を続けている以上、自然災害が発生するたびにネット上のデマやヘイト書き込みをチェックせざるを得なくなりました。これもまた野放しにされているのが実情ですよ。空き巣、窃盗団、レイプ、店舗破壊など、多くが外国人に関連づけられて、根拠のない書き込みが繰り返されます。

恐ろしいのは、こうしたデマを信じ込み、実際に自警団を結成しようとする動きまであったことです。２０１４年の広島の水害では、窃盗団を撃退することを目的に、武装した自警団の結成を呼び掛けるツイートが出回りました。僕は地元警察などを取材しましたが、本当にその動きがあったため、地元署が自警団だけはやめてくれと説得したそうです。ちなみに窃盗団の出没がデマだったこともはっきりしています。窃盗被害など1件も報告されていませんでした。

菜津紀　東日本大震災の被災地で取材した人の中にも、「直後は中国人窃盗団が」などと口にする方が複数いました。でも、「実際にどんな被害があったのか」と尋ねても、「噂《うわさ》で聞いた」「誰かが言っていた」と、曖昧《あいまい》な伝聞でしかないんですよね。「外国人」に紐《ひも》づけられた「噂」が広がれば、被災した外国ルーツの人たちは、ますます声をあげられない立場に追いやられてしまうでしょう。
そしてその「漠然とした恐怖感」が肥大化していくことで何をもたらしてしまうのかは、残念ながら歴史が示しています。関東大震災直後の朝鮮人虐殺も、主に地域住民が組織する自警団によっておこなわれました。だいたい、窃盗団の人間をどうやって識別するのでしょう。外国人らしき風体だという理由だけで、取り押さえてしまうのか。

浩一　そこですよ。水害被害に遭った地元住民の中には当然、外国籍、海外にルーツを持つ人もいるでしょうし、アジア系の人であれば見分けなどつきませんよね。関東大震災の時には、言葉になまりがあるというだけの理由で朝鮮人だと誤認され、沖縄や四国、東北からの出稼ぎ労働者が惨殺されています。

実は東日本大震災の時も外国人窃盗団出没の噂が流布し、都内に拠点を持つ右翼団体が武装した自警団を結成して被災地に出向いています。その〝活躍〟を追いかけたネット番組をたまたま視聴したのですが、そこでメンバーのひとりは「怪しい人物に話しかけて、もしも中国語でもしゃべろうもんだったらその場で殺しちゃったんだけどね」なんてことを笑いながら話していました。

幸いにも外国人と遭遇することはなかったらしいのですが、菜津紀さんも知っての通り、被災地には実習生をはじめ、多くの外国人がいました。もしもそうした人々がスタンガンなどで武装した自警団に「発見」されていたら、どうなっていたでしょう。それを考えると、ますます怖い。そうした脅威を日々生み出している社会を、なんとか変えたい。大げさではなく、本当にそう思います。

しかも差別する側は、自警団のようなわかりやすい集団ばかりではないし、在特会や日本第一党のようにレイシストのワッペンつけた連中ばかりでもない。会社にも学校にも、飲み屋にも銭湯にも、電車の中も、きっといる。すました顔で、横に座っているかもしれない。マイノリティであれば、そうした恐怖を感じることが多いと思うのです。

菜津紀　ものすごくカジュアルな形で差別がおこなわれるケースが多いですものね。

差別の先の殺戮と暴力

浩一　それで思い出したのだけれど、2016年にこんな事件がありました。福岡市の繁華街、天神の商業施設で多数のヘイトビラが発見されたんです。在日コリアンが日本を支配している、日本から追い出せ、といった内容です。商業施設のトイレなどに貼り出されたものですから、通報を受けてさすがに警察も動いた。張り込み捜査で逮捕（建造物侵入）されたのは、当時64歳の元学習塾経営者です。アクティブなネトウヨではなくて、まあ、どこにでもいそうな普通のおじさん。僕はこの事件の裁判を傍聴してきましたが、興味深く思ったのは犯行の動機です。

おじさん、検察官に問われて、こう答えたんですよ。「ネットで真実を知った」と。

菜津紀　出た、ネットで真実（苦笑）。

浩一　しかし端緒は居酒屋なんですって。ある日、一人で飲んでいたら、隣のテーブルから「芸能人の誰々は在日だ」といった会話が聞こえてきた。そこで、帰宅してから気になって、慣れないパソコンで検索してみたらしい。芸能人を調べるつもりが、いつの間にか「在日」を論じた記事に深入りしてしまった。あとは推して知るべしです。

菜津紀　容易に想像できますよね、末路が。

浩一　そこで世間にそれを知らしめなければいけないと変な使命感を持ち、手製のビラを貼りまくったというわけです。ネットに書き込まずに、わざわざビラをつくってしまったのは、単にパソコンを使ったアウトプットができなかったから。

ただ、このおじさんに限らず、こうした人は多いと思うのです。

菜津紀　ネットのデマやヘイトに触発され、自らがヘイトの塊《かたまり》になっていく。実は同世代から、「実家に帰ったら、親がネトウヨ化していた」という相談が最近、寄せられるようになりました。ちょうど、この男性と同じくらいの年代ですよね。ごく〝普通〟の人たちが、ネット上にあふれるデマや差別の波にあっという間に呑《の》み込まれてしまうリスクは、とても身近なものになってしまっているのかもしれません。

浩一　だからこそ歯止めも必要なんです。ネットであろうが何であろうが、差別と偏見が刷り込まれた人間が取る行動は、より深刻な犯罪へ導かれていく。誰も幸せにならない。表現の自由を強調してヘイトもそこに含まれるのだと主張する向きもあるけれど、そんなの論外ですよ。いま、表現の自由を奪われ、沈黙を強いられているのは、圧倒的にマイノリティの側なのですから。

それにしても、いま述べたおじさんの事件にしても、ヘイトに向かわせる仕掛けはいかにも現代的ではあるけれど、しかし、人間の行動には目新しさを感じないいんですよね。

菜津紀　差別者の間で共有されている言葉は少しも新しくない。昔から使われてきた言葉が再生され、差別の対象となるのも外国人や外国ルーツの人々。「朝鮮人出ていけ」といったヘイトスピーチなどはずっと繰り返されています。もう100年以上も。

結局、借り物の言葉なんですよね。自身で思考した末に紡がれた言葉じゃない。そんな言葉を共有しながら、国と自分を一体化させているのではないでしょうか。ある種の集団的ナルシシズムみたいなものだと思います。「日本」という大きな主語と自分自身を一体化させてしまい、「凄《すご》い日本」と一体化している自分も「凄い」と錯覚してしまう。そして、「日本政府」や「日本人」を批判されると、「自分」を否定されたかのように感じてしまう。

浩一　ただの郷愁であるならば放っておいてもいいのだけれど、生み出されるのは差別と排除の思想なのですからね。

菜津紀　それが暴力へと突き進む。ヘイトクライムを引き寄せる。だからやはり、暴走を招かないような社会の仕組みが必要だと思うのです。外国人を憎悪の標的にする社会は、結局誰の幸せも実現できない社会なのではないかと思います。

浩一　僕が差別に対して嫌悪と怒りしか感じないのは、やはり、差別の向こう側に殺戮《さつりく》や戦争が見えるからなんですよね。そんな風景は絶対に見たくないのです。

菜津紀　よく差別の問題は、「お互いに優しくなろう」という文脈に回収されてしまいがちなのですが、「優しさ」「敬意」の問題に矮小《わいしょう》化してしまうと、本質を見誤ってしまうと思います。例えば、「殺人はよくないよね」という社会的コンセンサスは広く共有されていると思いますが、「だから殺人を禁止する法律はいらないよね」とはならない。

もちろん啓発活動は大切ですが、差別が「魂の殺人」と言われるのであれば、さらなる法整備が必要だと私は思います。どんな法律も条例も、人の「声」から生まれるものですよね。差別の実態に気づき、「何かをしたい」と思った次の行動は、具体的な仕組みをつくるための「声」を持ち寄ることではないでしょうか。

おわりに

安田浩一

木漏れ日が揺れる。新緑が映える。

休日の公園。芝生の上でボール遊びに興じる子どもたちを横目に見ながら、恒例の〝青空教室〟が始まった。

この日の出席者は8人だ。学生、会社員、そして私のようなライターや写真家も。職業も性別も年代もバラバラな人たちが、公園の一角、日差しを遮る東屋《あずまや》のベンチに腰掛けた。

「ムボテ！」（こんにちは）。まずは挨拶から。この日が初参加で〝新入生〟の私も皆にならって唱和する。

こうして恒例のリンガラ語レッスンが始まった。

先生を務めるのは――コンゴ民主共和国出身のポンゴ・ミンガシャンカ・ジャックさん（43）だ。リンガラ語はコンゴで使われる地域語のひとつである。

「数字の1はモコ。2はミバレ。3はミサト」

ノートに書き込み、そして復唱。モコ、ミバレ、ミサト。遠い国の知らない言葉。口にするたび、何かが弾ける。学んでいるのではなく、まだ見ぬ風景に近づいていく感覚。

「いいね、ヤスダ!」

ジャックさんが私の発音をほめてくれた。嬉しい。ボトンディ!(ありがとう)。

コンゴの独裁、それに続く強権政権に反対し、民主化のために闘っていたジャックさんが、弾圧を逃れて日本にたどり着いたのは2012年のことだ。来日後、故郷に残してきた両親が政府関係者に殺害されたことを知った。これでもう帰国の道は完全に閉ざされた。

本書で何度も強調しているが、日本は世界有数の難民鎖国である。民主化闘争に参加し、家族が犠牲になったというのに、日本はジャックさんの難民申請を撥《は》ねつけた。

現在、ジャックさんは申請不認定の決定取り消しを求め、日本政府を相手に裁判を闘っている。

仮放免中のジャックさんは、当然、働くことができない。リンガラ語教室は、そんなジャックさんの生活を心配した人々によって開かれている。

最初に立ち上がったのは私の友人、文筆家・イラストレーターの金井真紀さんだ。

金井さんとジャックさんの出会いは2021年春。連日、入管法改悪案に対する抗議運動が展開されていた永田町で、ふたりは知り合った。抗議のシットインに参加していた金井さんに、ジャックさんが話しかけたことで縁ができた。LINEを交換し、その後も抗議運動の場で顔を合わせる機会が増えた。

ある時、金井さんはジャックさんのスマホに収められた母親の写真を見せてもらった。

「うわあ、きれいな人」

笑顔で反応した金井さんに、ジャックさんは「オカアサン、シンダヨ」と返しながら、自分の手で首を斬る仕草《しぐさ》をした。

「なにを、どう理解してよいのかわからなかった」と金井さんはその時のことを振り返る。

「ただ、もっと知らなければいけないと思った」

コンゴの歴史を学んだ。ジャックさんの境遇を聞いた。

理解を深めていく過程で、ジャックさんにとって目下の一大事が、働くこともできず、強制退去や入管収容の恐怖にひとりで脅《おび》えるしかない〝孤独〟であることに気がついた。

難民として認められなかったジャックさんは、前述したように就労資格を奪われている。本当にふざけたシステムだ。仮放免中は生活保護や健康保険などの福祉も適用されない。帰国か、飢えるか。そんな選択肢しか与えられないのだ。死ねと言わんばかりの政策は、様々な国際機関から批判されている。

そもそも、日本は1981年に国連が定めた難民条約を批准している。「国が守ってくれない人を、国際社会で助ける」というのが、難民保護の基本的な考え方だ。にもかかわらず、ジャックさんのようにどれだけ迫害の証拠を提出しても難民認定を拒み、追い出そうとする。就労を認めず、生活支援もしない。こうした政策は同じく日本が批准している国際人権規約にも反するものだ。

こうして日本に逃れた人々は追い詰められる。失望と後悔を重ねる。

だから——祖国から逃れたひとりのコンゴ人と「知り合ってしまった」金井さんも、もう、後には引けなかった。「何もすることなく、ひとりで家にいるのがつらい」とこぼすジャックさんに、金井さんはあなたはひとりではないのだと伝えたかった。

「支えることなんて、できないかもしれない。助けるなんて、もっと無理。でも、一緒に時間を過ごすことはできるかも」

そうして始まったのが、ジャックさんを囲むリンガラ語教室だった。

身近な人に声をかけた。真っ先に駆けつけたのはスポーツライターの熊崎敬《たかし》さんと、テレビディレクターの野溝《のみぞ》友也さん。金井さんを含めた3人でジャックさんを招き、最初のリンガラ語教室を開いたのは2021年6月だった。辞書も教科書もない。ジャックさんの口から出た単語に意味を当て込み、想像力と経験値で言葉に仕上げていく。初めて耳にするリンガラ語に魂を吹き込んだ。

それから1年。リンガラ語を学ぶ仲間は増えた。覚えた言葉も増えた。ジャックさんの教え方もさらに上手になった。でも、ジャックさんは仮放免のままだ。裁判も終わらない。

国は何もしてくれない。だから、みんなでジャックさんとつながる。それしかできない。

政府はウクライナから避難してきた人々を「準難民」として保護する制度の創設を進めている。なにが「準」だと言いたくもなるが、戦争から逃れた人を受け入れるのは大歓迎だ。当然じゃないか。帰りたくとも帰ることのできない人がいる。ならば助け合って、共に生きていく。それが社会というものだ。

ならば、ジャックさんは——。

弾圧から逃げてきた。家族を殺された。祖国はまだ不安定なままだ。そこに帰れと日本は言うのか。助けてほしいと願う人に、出て行けと言うのか。ジャックさんだけじゃない。様々な国の様々な人が、日本に助けを求めては拒まれる。

その日、私たちは〝授業〟の合間に、芝生の広場でサッカーボールを蹴って遊んだ。

太陽がまぶしかった。私は力いっぱい、足を振り上げる。「モコ！」。芝生の上をボールが不器用に跳ねる。「ミバレ！」。ボールに追いついたジャックさんが笑顔で蹴り返す。きれいな放物線を描いてボールは私の足元に落ちる。「ミサト！」。今度は正確に、狙いを定めて蹴り上げる。

私たちはつながっている。笑って、走って、追いかけて、ぎこちなく言葉も紡ぎながら、一緒に生きている。

そんな日常をいつまで続けることができるのだろう。誰も口にしない。考えたくない。

だが、入管に収容され、強制退去させられるジャックさんの姿を想像しないわけじゃないのだ。

この先、どうなると思う？　ジャックさんに質問するつもりでいたけれど、やはりできなかった。

いまは、いまを生きるしかない。そして、社会を変えていくしかない。

くそっ、なんなんだよ、この国は。

私はもう一度、大きく足を振り上げる。

○

外国人実習生を初めて取材したのは2005年だった。21世紀の日本で、人権も人格も無視された低賃金労働者がいることを知って、私は憤りでからだが震えた。

その後も実習生をめぐって様々な事件が起きて、多くの法令違反が発覚した。

そのたびに政府は見直し策を打ち出してきたが、いずれも制度の根幹にメスを入れたものではなかった。制度を維持させるため、小手先の改善提案を繰り返してきただけである。

同じように、日系南米人の労働者も、人手不足のために「利用」され続けてきた。派遣や請負といった不安定な働き方を強いられ、企業の都合で、時に放り出される。

日本は、外国人を雇用の調整弁として扱ってきた。いや、いまもそれは変わらない。必要ないと思えば即座に排斥へ動くのは、国の政策でもある。

その前線で機能しているのが入管だ。

2021年、政府は入管法を改正し、入管当局の権限をさらに強化することを企《たくら》んだ。改正の目的は、日本が「不必要」だと判断した外国人を、より迅速に国外へ追い出すことにあった。これに反対する市民の闘いで一度は廃案に追い込まれたものの、法案そのものが葬られたわけではない。いま、政府は再度の提出を狙っている。

あえて強調したい。こうした政策を支えているのは、いや、呼応しているのは、日本社会の中に居座っている「排他の気分」だと私は思っている。

長きにわたり、日本社会は内に差別と偏見を抱えてきた。外国人を貶《おとし》め、時に「敵」だと認識し、差別を正当化し、それを政策にも盛り込んできた。

いま、様々な場所で問題となっているヘイトスピーチも、急に生まれたわけではない。差別の形は時代に合わせてリニューアルを繰り返してきただけだ。

私たちは、私たちの社会は、いまだ差別を克服していない。

こうした状況下にあって、少しでも外国人政策の理不尽を、不条理を、そして差別の不当性を知ってもらうために、本書をつくった。

○

この数年、多くの取材先で顔を合わせていたのが安田菜津紀さんだ。

菜津紀さんはいつも走っていた。先頭に立っていた。その姿は、言葉を奪い取り、人の悲しみや怒りを「ネタ」として消費するだけの記者のそれとは違った。時に自らを窮地に追い込み、体を張って被害者を守り、全身で権力の中枢に切り込むような、強さと優しさを感じた。

菜津紀さんの姿は、私にとってはハラワタの腐り止めのような存在でもある。困難を前にして座り込んでしまいたくなった時、菜津紀さんの揺らぐことのない姿勢と視線が、私の背中を押した。

そんな菜津紀さんだからこそ、本書でも言葉が活《い》きている。風景もよみがえる。

編集者の松尾信吾さんもまた、私にとっては大切な友人であり、同じ憤りを抱えた同志であり、そして厳しい監督でもある。本書は「外国人への不当な政策と差別は許せない」とする彼の発案で始まった。相変わらず執筆の遅い私の尻を叩き続けてくれた松尾さんのおかげで、どうにかまとめることができた。

撮影を担当してくれた写真家の佐藤慧《けい》さんにも感謝したい。私と菜津紀さんが川崎市の在日コリアン集住地域である桜本地区を取材で訪ねた際、佐藤さんが撮影してくれた写真が本書に収められている。佐藤さんもまた、地べたから社会の不正を撃つ、まっすぐで生真面目な青年だ。そんな彼に撮影してもらったことを光栄に思っている。

そしてなによりも、私たちの取材に応じてくれたすべての人に感謝したい。

本書で何度も繰り返したが、私が差別や排外主義を絶対に許容できないのは、その先に殺戮と戦争が見えるからだ。そのことを、取材に応えてくれた多くの人から教えていただいた。

ありがとうございました。

自由に生きたい——そう願うすべての人の希望がかなう社会となりますように。

2022年5月

佐藤慧撮影

安田浩一 やすだ・こういち（写真左）

1964年、静岡県生まれ。「週刊宝石」「サンデー毎日」記者を経て2001年からフリーに。事件、労働問題などを中心に取材・執筆活動を続ける。12年、『ネットと愛国 在特会の「闇」を追いかけて』で第34回講談社ノンフィクション賞受賞。15年、「ルポ 外国人『隷属』労働者」（「G2 Vol.17」［講談社］掲載）で第46回大宅壮一ノンフィクション賞（雑誌部門）を受賞。著書に『「右翼」の戦後史』（講談社現代新書）、『団地と移民 課題最先端「空間」の闘い』（角川新書）など。

安田菜津紀 やすだ・なつき（写真右）

1987年、神奈川県生まれ。認定NPO法人Dialogue for People（ダイアローグフォーピープル／D4P）フォトジャーナリスト。同団体副代表。東南アジア、中東、アフリカ、日本国内で難民や貧困、災害の取材を進める。東日本大震災以降は岩手県陸前高田市を中心に、被災地を記録し続けている。著書に『写真で伝える仕事――世界の子どもたちと向き合って――』（日本写真企画）など。現在、TBSテレビ『サンデーモーニング』にコメンテーターとして出演中。

朝日新書
867

外国人差別《がいこくじんさべつ》の現場《げんば》

2022年 6 月30日 第 1 刷発行

著　者 | 安田浩一
安田菜津紀

発行者 | 三宮博信
カバーデザイン | アンスガー・フォルマー　田嶋佳子
印刷所 | 凸版印刷株式会社
発行所 | 朝日新聞出版
〒104-8011　東京都中央区築地 5-3-2
電話　03-5541-8832（編集）
　　　03-5540-7793（販売）

Published in Japan by Asahi Shimbun Publications Inc.
ISBN 978-4-02-295174-8
定価はカバーに表示してあります。

落丁・乱丁の場合は弊社業務部（電話03-5540-7800）へご連絡ください。
送料弊社負担にてお取り替えいたします。

不動産の未来
マイホーム大転換時代に備えよ

牧野知弘

不動産に地殻変動が起きている。高騰化の一方、コロナによって暮らし方、働き方が変わり、住まいの価値観が変容している。こうした今、都市や住宅の新しい価値創造は何かを捉えた上で、マイホームを選ぶことが重要だ。業界の重鎮が提言する。

全米トップ校が教える自己肯定感の育て方

星　友啓

学習や仕事の成果に大きく関与する「自己肯定感」は世界的にも注目されるファクターだ。本書は超名門スタンフォード大学オンラインハイスクールで校長を務める著者が、そのコンセプトからアプローチ、エクササイズまで、最先端の知見を凝縮してお届けする。

リスクを生きる

内田　樹
岩田健太郎

コロナ禍で変わったこと、変わらなかったこと、変わるべきことは何か。東京一極集中の弊害、空洞化する高等教育、査定といじめの相似構造、感染症が可視化したリスク社会を生きるすべを語る、哲学者と医者の知の対話。同著者『コロナと生きる』から待望の第2弾。

全面改訂　第3版
ほったらかし投資術

山崎　元
水瀬ケンイチ

これがほったらかし投資の公式本！　売れ続けてシリーズ累計10万部のベストセラーが7年ぶりに全面改訂！　おすすめのインデックスファンドが一新され、もっとシンプルに、もっと簡単に生まれ変わりました。iDeCo、2024年開始の新NISAにも完全対応。

朝日新書

官僚が学んだ究極の組織内サバイバル術

久保田 崇

大人の事情うずまく霞が関で官僚として奮闘してきた著者が、組織内での立ち居振る舞いに悩むビジネスパーソンに向けておくる最強の仕事術。上司、部下、やっかいな取引先に苦しむすべての人へ。人を動かし、自分の目的を実現するための方法論とは。

インテリジェンス都市・江戸
江戸幕府の政治と情報システム

藤田 覚

インテリジェンスを制する者が国を治める。徳川260年の泰平も崩壊も極秘情報をめぐる暗闘の成れの果て。将軍直属の密偵・御庭番、天皇を見張る横目、実は経済スパイだった同心——近世政治史の泰斗が貴重な「隠密報告書」から幕府情報戦略の実相を解き明かす。

ふんどしニッポン
下着をめぐる魂の風俗史

井上章一

男の急所を包む大事な布の話——明治になって服装は西欧化したのにズボンの中は古きニッポンのまま。西洋文明を大和心で咀嚼する和魂洋才は見えないところで深みを増し三島由紀夫に至った。『パンツが見える。』に続き、近代男子下着を多くの図版で論考する。

日本的「勤勉」のワナ
まじめに働いてもなぜ報われないのか

柴田昌治

「主要先進国の平均年収ランキングで22位」が、日本の現実だ。従来のやり方では報われないことが明白になった今、生産性を上げるために何をどう変えればいいのか？「勤勉」が停滞の原因となった背景を明らかにしながら、日本人を幸せにする働き方を提示する。